ÉDITORIAL

Tout est paisible, presque idyllique. Personne ne se méfie et pourtant, au loin, des panaches de fumée font planer une ombre inquiétante.

Sur le pourtour de l'étang de Berre, situé entre la Camargue et Marseille, les paysages de cartes postales ont, pour toile de fond, les plus imposantes usines de l'ère industrielle. Dans ces décors de pylônes et de hauts-fourneaux, personne ne sait exactement quel cocktail chimique les rejets de ces mastodontes forment en se rencontrant dans le ciel. Pendant des années, la question ne s'est pas posée, l'emploi et la compétitivité jouant leur rôle d'écran de fumée. Aujourd'hui, à mesure que des maladies se déclarent, la colère gronde au sein de la population. En face, les acteurs mis en cause répondent par un savant mélange de discours rassurants et d'actions a minima. Les pouvoirs publics, eux, semblent dépassés.

En banlieue parisienne, c'est une autre pollution, celle des sols, qui rappelle aux habitants le très lourd héritage industriel de ces zones densément peuplées. Invisible, inodore, elle est une menace aussi omniprésente que mal connue. Quelques poignées de personnes jettent, là aussi, leurs forces dans la bataille pour faire la lumière sur les dangers auxquels nous sommes exposés.

La tâche est colossale car, du côté des industriels, cette culture de l'opacité n'est pas nouvelle. En témoigne l'inertie du groupe TotalEnergies : un des principaux acteurs du changement climatique, il était au courant du phénomène dès les années 1970. Alors qu'il était encore temps d'agir, il a préféré se taire.

Cinquante ans plus tard, en 2022, les Nations unies adoptent une résolution historique : *« tous les habitants de la planète ont droit à un environnement sain »*. De Fos-sur-Mer à Montreuil, des centaines de personnes s'emploient à faire respecter ce droit. Une lutte menée avec un tout autre panache que celui des fumées qui s'échappent des monstres d'acier. ®

SOMMAIRE

À LA UNE

CHRONIQUES

enquêtes

SOUS L'OCÉAN

Encore un très beau numéro que le #38. Il me donne l'occasion de vous poser une question. Dans les pages sur les abysses, il est question des câbles de télécommunication qui parsèment les fonds. Or, dans chaque océan, il y a une dorsale océanique volcanique. Comment les câbles posés au fond peuvent-ils ne pas être détruits là où ils traversent ces dorsales ? Il n'y a peut-être pas des « panaches brûlants et acides » comme dans les sources hydrothermales, mais je croyais qu'il y avait de la lave expulsée tout le long des dorsales. Y a-t-il des zones sans activité volcanique et avec une tectonique des plaques « froide » où on peut poser les câbles ? Ou y a-t-il un système pour les protéger ou les garder en hauteur au passage des dorsales ?
Frédéric

Cher Frédéric, par souci de précision, la journaliste Manon Le Charpentier a interrogé Ewan Pelleter, géologue à l'Ifremer. Selon lui, tout est question *« d'échelle de temps et d'espace »*, car la dorsale océanique *« représente une faible surface sur laquelle passent les câbles sous-marins »*. Sur la dorsale atlantique par exemple, *« les événements éruptifs apparaissent à des fréquences faibles, de l'ordre du millier d'années »*. Il est donc *« plus logique d'envisager de reposer ou réparer un câble si ça arrive que de créer des structures complexes et coûteuses pour les préserver »*.

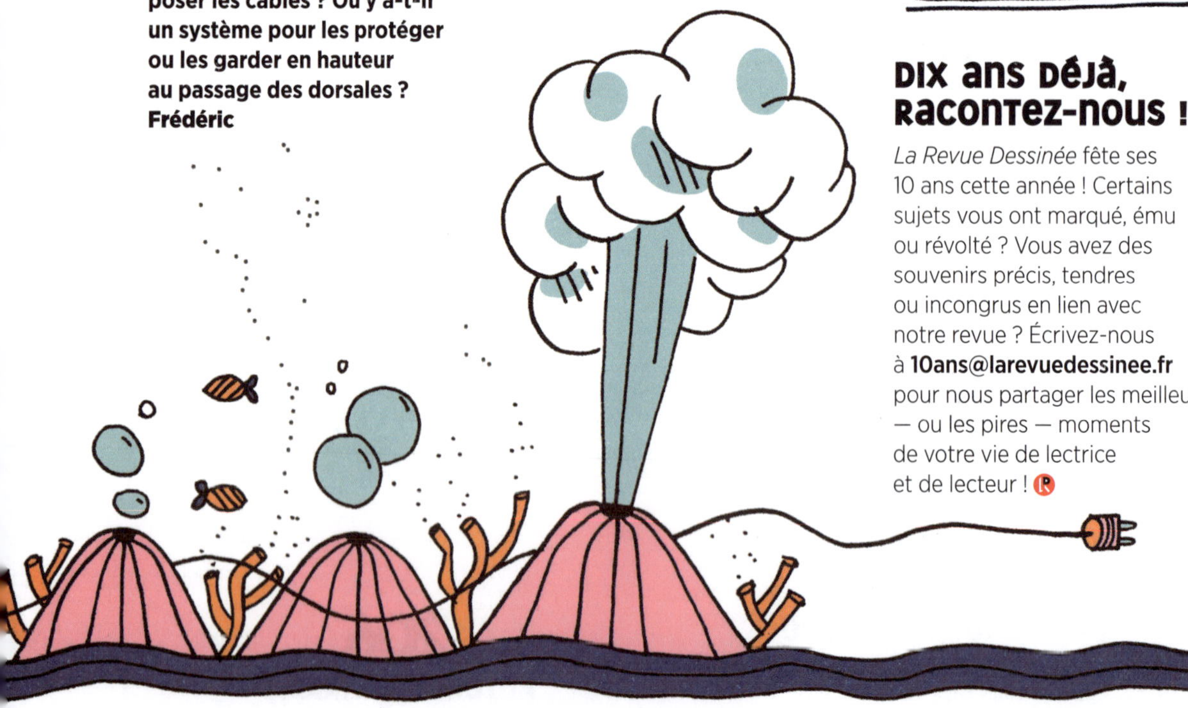

DIX ANS DÉJÀ, RACONTEZ-NOUS !

La Revue Dessinée fête ses 10 ans cette année ! Certains sujets vous ont marqué, ému ou révolté ? Vous avez des souvenirs précis, tendres ou incongrus en lien avec notre revue ? Écrivez-nous à **10ans@larevuedessinee.fr** pour nous partager les meilleurs — ou les pires — moments de votre vie de lectrice et de lecteur !

DESSINS : AURORE PETIT

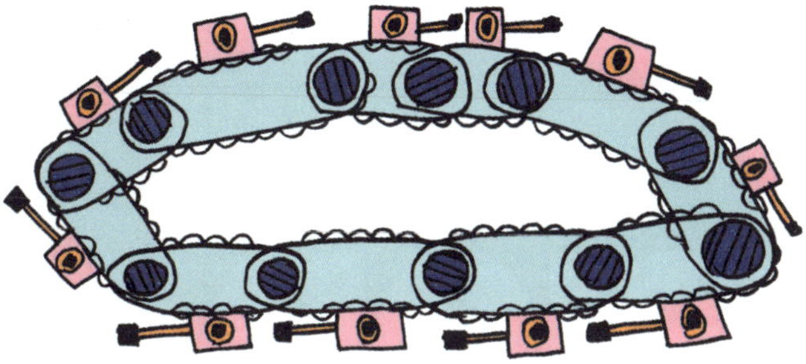

AUX ARMES ET CÆTERA

J'ai lu récemment votre hors-série *On leur vend des armes... et le pire c'est qu'ils s'en servent* publié avec Disclose. Il rend beaucoup plus clairs les mécanismes des ventes d'armes, et démonte très bien l'argumentaire de l'État et des industriels selon lequel il est nécessaire d'exporter pour l'indépendance stratégique de la France. Comme vous le rappelez, non seulement c'est faux en termes économiques, mais en plus cela se traduit par une dépendance envers les clients : transferts de technologie, compensations, voire détournement de l'aide militaire française... Cependant, on aurait pu mentionner une autre faille de cette justification : si les armes (et autres équipements) sont fabriquées en France, l'utilisation de technologies de pointe les rend dépendantes de matériaux qui sont importés, et notamment les terres rares et les semi-conducteurs qui sont pour la plupart fabriqués hors de France et d'Europe, voire de l'Otan. Cela rend absurde la volonté d'indépendance militaire dans un contexte de dépendance économique. Raphaël

Cher Raphaël, en effet, quelque 160 pages de bande dessinée c'était assez pour déployer notre série d'enquêtes sur les ventes d'armes par la France, mais trop court pour traiter ce sujet sous toutes ses facettes. Merci de souligner cet autre accroc au récit sur l'indépendance nationale cher aux industriels et aux dirigeants.

LA REVUE DANS LA TEMPÊTE DU PRIX DU PAPIER

Depuis dix-huit mois, le prix de la matière entre vos mains, le papier, s'envole, bondissant d'environ 50 %. Une hausse qui, malgré la fidélité sans faille de notre lectorat, nous fragilise. Nous, les indépendants, ne touchons presque aucune subvention. Pour garantir notre pérennité, que faire ? Passer au tout numérique ? À ce jour, nous nous y refusons. Et, pour la première fois, nous faisons appel à vous : pour nous soutenir, c'est le moment de vous abonner, d'abonner un proche ou de faire un don en ligne.

UN BRUIT QUI COURT

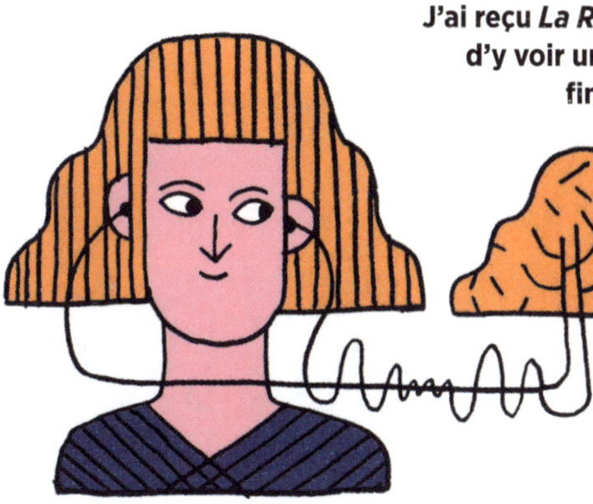

J'ai reçu *La Revue Dessinée* #39 (mon 2e numéro) et quelle coïncidence d'y voir un sujet sur le bruit, « Boucan d'enfer », alors que je viens de finir un livre qui m'a fait découvrir la bioacoustique : *Le Grand Orchestre des animaux,* de Bernie Krause. Il traite des effets du bruit sur la santé, parle des paysages sonores, de ce qu'ils nous apprennent, de leurs dégradations et de l'impact sur l'environnement. Sinon, top qualité *La Revue Dessinée* — je m'en veux de ne pas l'avoir découverte avant ! Fanny

Chère Fanny, merci pour votre recommandation et pour les compliments ! Sachez que vous pouvez rattraper tous les numéros que vous n'avez pas lus en passant par notre boutique en ligne sur **larevuedessinee.fr**

INSPECTION DU TRAVAIL

MISSION IMPOSSIBLE

Avec plus de trois accidents mortels pour 100 000 actifs occupés en 2022, la France est l'un des pays d'Europe où il est le plus dangereux de travailler. La publication de ces données a suscité une vague d'indignation au sein du monde politique. En réaction, le gouvernement a mis en place un plan national d'action et a notamment promis de renforcer les interventions des inspecteurs du travail. Depuis la fin du XIXe siècle, ces hommes et ces femmes sont censés veiller aux bonnes conditions de travail des employés. Peu connus et pourtant essentiels, ils peinent de plus en plus à exercer librement leur métier.

ALEXIA EYCHENNE — ALEXANDRA PETIT

Décembre 2022,
VIe arrondissement de Paris

On entre ?
Sur les petits chantiers, on sait qu'il y a souvent des soucis...
Bonjour, nous sommes de l'inspection du travail.

Votre patron est là ?
Tout se passe bien ? Vous parlez français ? Polonais ?
Si vous avez un problème, que vous êtes mal payés ou en situation de danger, je peux vous aider.
Jeśli masz problem, źle zarabiasz lub jesteś w iebezpieczeństwie, mogę ci pomóc.

Les ouvriers n'ont pas de carte d'identité, ou ne veulent pas la donner, pas plus que le nom de leur patron…
Est-ce qu'ils sont déclarés et couverts s'ils se blessent ? J'ai des doutes.
Bien souvent, ils ne sont pas en situation de se plaindre, c'est facile d'abuser d'eux.
Ils n'ont pas de chaussures de sécurité, pas de vestiaire… Les repérages d'amiante et de plomb n'ont sans doute pas été faits avant qu'ils interviennent.
C'est dangereux, mais les petites entreprises les font peu, par ignorance ou par économie.

On va essayer d'identifier leur employeur et le maître d'ouvrage, qui a aussi une obligation de vigilance.
On va faire ça rapidement, car l'exposition à l'amiante sans protection, c'est un danger grave et imminent.
pfou
Inspecteurs du travail à Paris, Noura Medjoudj-Mezhar et Gianni Dinocca sont en « maraude ».
Deux jours par semaine environ, ils quittent leur bureau du quai de Jemmapes, dans le Xe arrondissement, pour vérifier, lors de contrôles inopinés, que les entreprises respectent la loi.

Le plus souvent, les inspecteurs partent seuls sur le terrain. Chacun a la charge d'un secteur géographique. Celui de Noura Medjoudj-Mezhar couvre une partie du VIIe arrondissement, dense en entreprises de tous types.

Parmi elles, une multitude de petites structures, où les employés ne peuvent pas compter sur le soutien de représentants du personnel.

Paie et contrats, horaires, santé et sécurité... Le champ de compétences des inspecteurs est aussi vaste que le code du travail, et leur tâche titanesque.

* Le nom a été changé. ** Ses poussières, présentes dans les bétons, les mortiers ou les enduits, peuvent provoquer une affection pulmonaire grave, la silicose.

L'inspection du travail est un corps à part de la fonction publique.
À la fin du XIXe siècle, le boom de l'industrie va de pair avec l'exploitation des ouvriers. Les accidents et les maladies professionnelles se multiplient.

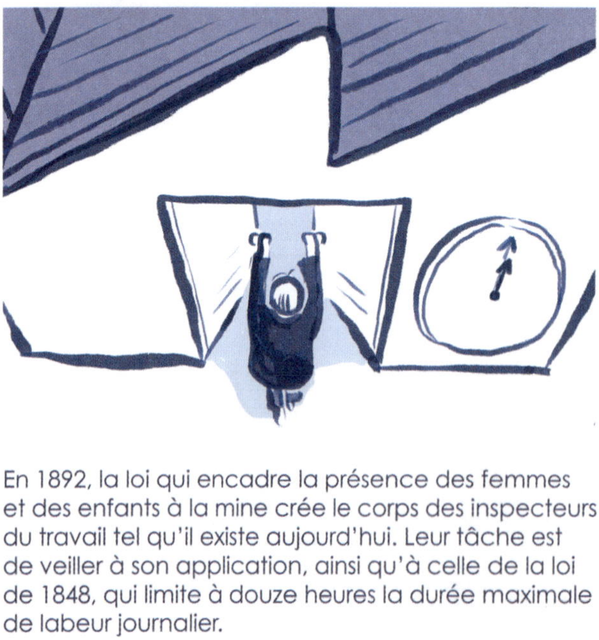
En 1892, la loi qui encadre la présence des femmes et des enfants à la mine crée le corps des inspecteurs du travail tel qu'il existe aujourd'hui. Leur tâche est de veiller à son application, ainsi qu'à celle de la loi de 1848, qui limite à douze heures la durée maximale de labeur journalier.

Les inspecteurs quittent en 1906 le giron du ministère du Commerce et de l'Industrie pour celui du tout nouveau ministère du Travail.
DOSSIERS R-S
DOSSIERS T-V

René Viviani, ministre du Travail et cofondateur du journal *L'Humanité*, au banquet des inspecteurs du travail en 1908

En 1910, le Parlement adopte le Livre I du code du travail, qui vient rééquilibrer un système productif structurellement défavorable aux salariés.

Les inspecteurs du travail en deviennent les garants.

Ils peuvent entrer dans les entreprises à toute heure, et même interrompre une activité en cas de danger « grave et imminent ».
On peut vous poser quelques questions et jeter un œil aux locaux ?
Pas de problème…
Le pack de Tropico, vous le portez à bout de bras sur un escabeau pour le mettre en rayon ?
Oui.
On va dire à la direction qu'il faut qu'elle vous équipe mieux. Il vous faut des petites plateformes avec garde-corps.
Semaine du 20 au 26
On est mardi et les salariés ont déjà signé leurs horaires pour la semaine, ce n'est pas normal.
S'ils font des heures supplémentaires, quelles preuves ont-ils pour se les faire payer ?
Au-delà des contrôles, le rôle des inspecteurs consiste aussi à renseigner les entreprises, à orienter les employés et leurs représentants.

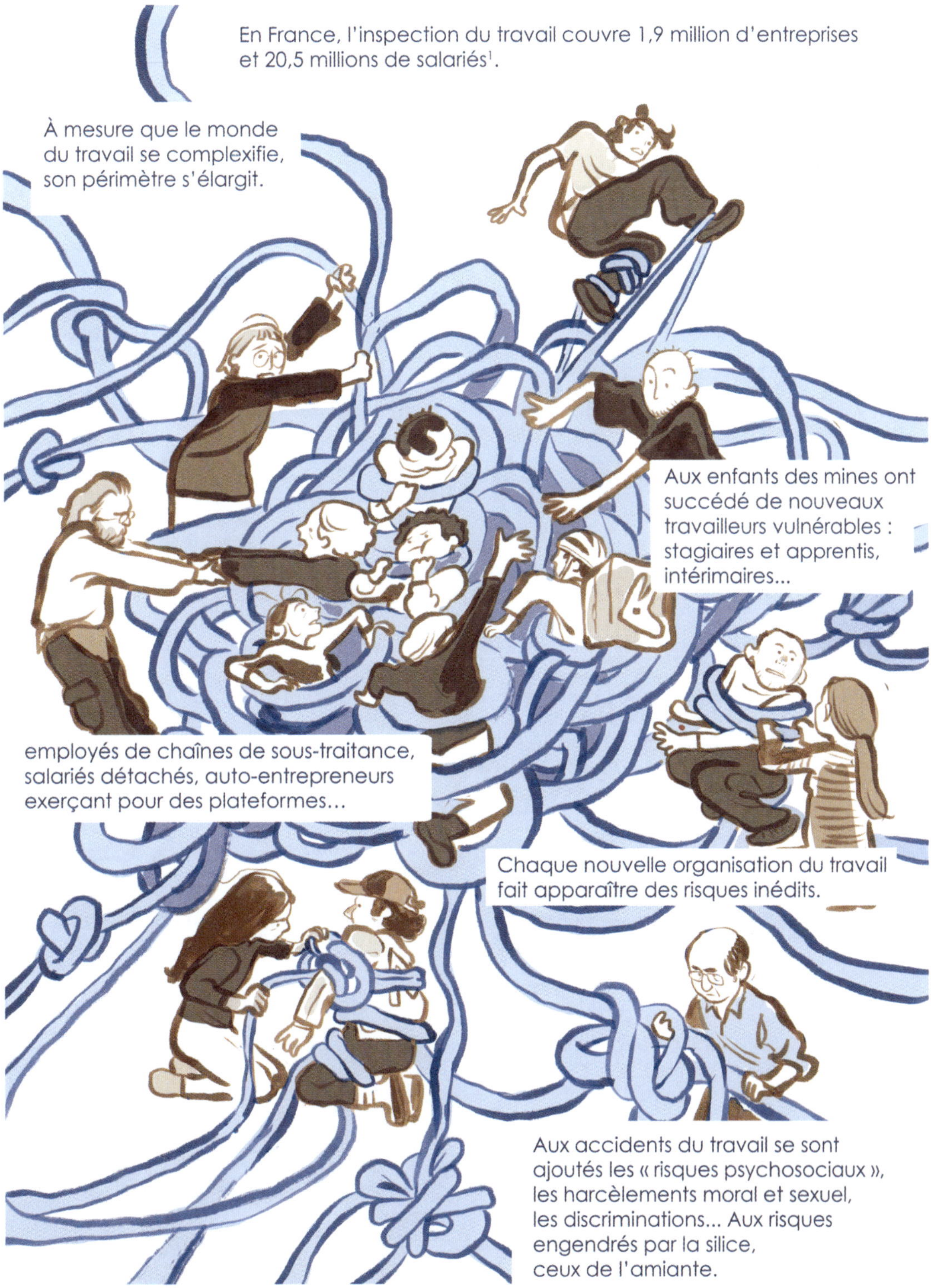

1. AVIS N°364 DE L'ASSEMBLÉE NATIONALE AU NOM DE LA COMMISSION DES AFFAIRES SOCIALES SUR LE PROJET DE LOI DE FINANCES POUR 2023.

Ces dernières années pourtant, les effectifs de l'inspection du travail ont dégringolé.
En 2014, on comptait encore 2 462 effectifs en équivalent temps plein contre 1 700 en 2022*.

En moyenne, en France, un agent a la charge de près de 12 000 salariés, bien plus que dans d'autres États : 8 100 à 9 500 en Espagne, 7 000 à 8 000 en Finlande, Bulgarie, Pologne ou Roumanie[1].

* Les chiffres incluent les inspecteurs du travail, mais aussi les contrôleurs du travail, aux prérogatives plus limitées et aujourd'hui en voie de disparition.

1. AVIS N°364 DE L'ASSEMBLÉE NATIONALE AU NOM DE LA COMMISSION DES AFFAIRES SOCIALES SUR LE PROJET DE LOI DE FINANCES POUR 2023.

1. AVIS N°364 DE L'ASSEMBLÉE NATIONALE AU NOM DE LA COMMISSION DES AFFAIRES SOCIALES SUR LE PROJET DE LOI DE FINANCES POUR 2023.

Car leur travail ne se limite pas à constater les manquements sur le terrain.
Les inspecteurs doivent conserver des plages disponibles pour recevoir les usagers et rédiger des « suites » aux contrôles.
Une tâche méticuleuse et chronophage.
Le premier niveau, c'est la lettre d'observation à l'employeur. Mais on peut aussi rédiger une mise en demeure ou un procès-verbal pour signaler une infraction au procureur.
À mesure que les dossiers s'empilent, le temps consacré à chacun diminue, au détriment des cas les plus complexes.

Gilles Gourc, inspecteur du travail à Villeurbanne (69) et représentant syndical pour la Confédération nationale du travail (CNT)

En 2019, déjà, un rapport du Sénat[1] s'inquiétait de voir les inspecteurs du travail de plus en plus contraints par le temps. Plus de 25 % de leurs missions correspondent à des tâches incontournables, comme l'examen des demandes de licenciement de salariés protégés*.

Emmanuel Capus et Sophie Taillé-Polian, sénateurs

1. L'INSPECTION DU TRAVAIL, UN MODÈLE À RENFORCER, 25 SEPTEMBRE 2019.

* Tels que les représentants du personnel.

Depuis une dizaine d'années, ces directives prennent de plus en plus de place.

Simon Picou, représentant syndical CGT au ministère du Travail

Laurent Lefrançois, secrétaire général adjoint de FO Travail

1. RESTITUTION DE LA CONSULTATION DES AGENTS DU SIT SUR LE PLAN D'ACTION 2020-2022.

Mais plusieurs affaires récentes ont malmené ce principe et soudé les agents contre leur ministère de tutelle.

28 septembre 2022, Nancy (54)

Ce jour-là, le tribunal administratif est saisi d'un dossier qui embarrasse le ministère du Travail depuis plus de deux ans.

En avril 2020, Anthony Smith, inspecteur du travail et syndicaliste CGT, est suspendu, téléphone et mail coupés, puis muté à deux heures de route de chez lui.

Sa direction lui reproche d'avoir saisi le juge des référés pour obtenir qu'une association d'aide à domicile fournisse en urgence des protections contre le Covid-19 à ses salariées, des travailleuses « en première ligne ».

Coline Martres-Guggenheim, inspectrice du travail et membre du conseil national de SUD Travail

Les syndicats reprochent aussi à la Direction générale du travail (DGT) une série de notes et d'instructions. Datés de mars et d'avril 2020, ces textes demandaient aux inspecteurs de contribuer, lors de leurs échanges avec les entreprises, à la *« continuité de l'activité »* plus qu'à la protection des salariés.

Pour ces consignes comme pour les pressions contre Anthony Smith et d'autres agents, les syndicats ont porté plainte contre la France devant le Bureau international du travail (BIT) pour entrave à leur indépendance.
Le Conseil national de l'inspection du travail, une instance garante de l'indépendance des agents, a également rendu des avis très critiques envers le ministère.

Le tribunal administratif de Nancy a fini par annuler la sanction disciplinaire contre Anthony Smith.
Les inspecteurs sont tenus de respecter les instructions de leur hiérarchie, sauf si, comme c'est le cas dans cette affaire, les instructions entravent l'organisation ou la conduite de leurs contrôles.

* La loi El Khomri, relative au travail, a été adoptée en 2016, puis complétée par des ordonnances successives en 2017. ** Accords conclus entre les représentants des salariés et les employeurs.

1. INSPECTION DU TRAVAIL : BILAN 2021 ET PREMIÈRES TENDANCES 2022, PERSPECTIVES 2023, DIRECTION GÉNÉRALE DU TRAVAIL, NOVEMBRE 2022.

* « Les comptes de la justice pénale du travail » par Evelyne Serverin, *Le Droit ouvrier*, 2020.

Fin 2022, un rapport de l'Assemblée nationale alertait sur la situation *« très dégradée »* de l'inspection du travail, qualifiée de *« service public en crise »*.
En réponse, le ministre du Travail, Olivier Dussopt, a reconnu...
... des difficultés structurelles [...] notamment liées à l'attractivité des métiers.
Il a promis une hausse des rémunérations et de nouveaux canaux de recrutement.
Car les candidats ne se bousculent plus au concours, accessible aux titulaires d'un bac+3, le plus souvent en droit ou en sciences.
En 2023, deux cents postes seront ouverts. Suffisant pour dissiper le malaise de la profession, grossir ses rangs et restaurer son pouvoir ?

Nous exerçons un beau métier, qui a du sens. Mais des syndicats aux prud'hommes, en passant par la médecine du travail, nous ne sommes qu'un des maillons de la chaîne de défense des droits des travailleurs.

« Et tous s'affaiblissent. »

«Les inspecteurs négocient entre leur for intérieur et les objectifs du ministère»

Vincent Viet est historien des politiques sociales françaises, rattaché au Cermes3-CNRS. Il a codirigé des ouvrages collectifs sur les politiques du travail. Il est l'auteur de *Votre travail nous regarde ! Enquête associative et institutionnelle sur l'inspection du travail*, Éd. Arbre bleu (2022).

Au début des années 2000, on a imposé aux inspecteurs du travail de rendre compte de leur activité, via un logiciel, pour répondre aux objectifs du ministère. Chez ces hommes et femmes de terrain, ce tournant a fait grincer des dents. Certains y ont opposé une «grève du zèle» en refusant de participer à ces bilans chiffrés. Un épisode emblématique de l'histoire tourmentée du rapport entre les inspecteurs du travail et l'État.

L'autonomie revendiquée par les inspecteurs du travail a-t-elle toujours existé ?

Oui, et ils y ont toujours été très attachés. L'inspection du travail a eu, dès ses débuts, une marge de manœuvre importante sur le terrain, alors même que ses agents étaient déjà des fonctionnaires. Mais pendant très longtemps, l'inspection n'a pas disposé d'une autorité centrale : elle est née bien avant le premier ministère du Travail. Les inspecteurs ont par la suite compris que les intérêts du ministère n'allaient pas toujours dans le sens de la protection des travailleurs.

Dans l'histoire, vous pensez à des exemples précis ?

Pendant l'entre-deux-guerres, sous la

pression de l'opinion publique et des syndicats, le ministère du Travail a imposé des mesures afin d'éviter une trop forte concurrence entre les mains-d'œuvre dites « nationale » et « étrangère ». Or les inspecteurs du travail ont toujours rechigné à faire la police des étrangers, et leur indépendance leur a permis de garder comme boussole la protection de tous les travailleurs. Puis l'inspection s'est complètement désolidarisée des politiques du travail menées pendant les années de collaboration. Au sortir de la guerre, en 1947, l'Organisation internationale du travail a institué l'indépendance de l'inspection du travail comme l'un de ses fondements.

Avec le temps, l'antagonisme entre le ministère et l'inspection du travail s'est-il creusé ?

Oui. Par exemple, depuis les années 1980, les politiques émanant du ministère du Travail se sont massivement concentrées sur la question de la lutte contre le chômage. À partir de là, au nom de l'emploi, le droit du travail a été fragilisé. En réaction, plusieurs associations d'inspecteurs se sont appuyées sur leur expertise pour défendre la condition des travailleurs. Au début des années 2000, l'une d'elles a ainsi attiré l'attention sur une incohérence notable dans le dossier de l'amiante : les limites d'exposition formulées par le ministère du Travail étaient alors moins contraignantes que celles énoncées par le ministère de la Santé. L'association a par la suite activement participé aux débats autour de sa réglementation.

L'INDÉPENDANCE PERMET DE GARDER LA PROTECTION DES TRAVAILLEURS COMME BOUSSOLE

Y a-t-il eu des tentatives de la part de l'État pour remédier à ces tensions ?

Il y a eu des recherches d'équilibre, mais on ne peut toujours pas dire que les politiques du travail soient menées de manière sereine. Les inspecteurs sont aujourd'hui en négociation permanente entre leur for intérieur et les objectifs définis par le ministère. Car c'est dans ce que le ministère définit comme le moins prioritaire qu'ils retrouvent souvent ce qui fait vocation chez eux : répondre aux demandes des travailleurs sur leurs conditions de travail, sur le rôle des syndicats, sur leurs contrats ou sur le harcèlement qu'ils peuvent subir.

PROPOS RECUEILLIS PAR **LÉONE LAALI** · DESSIN **THIBAUT SOULCIÉ**

CRÉDIT PHOTO : RACHIDA EL AZZOUZI

Le 3 mars 2021, Laura Pfeiffer, une inspectrice du travail qui avait dénoncé une entente entre sa hiérarchie et Tefal, a été condamnée à 3 500 euros d'amende avec sursis pour violation du secret professionnel et recel.

À VOIR

Inspecteurs du travail, une rencontre, de Jean-Pierre Bloc. Un documentaire hébergé sur Mediapart.
Sahira Films, 87 min (2016).

À ÉCOUTER

L'Inspectrice du travail de Tefal, d'Inès Léraud. Reportage radiophonique pour Les Pieds sur terre.
France Culture, 28 min (2022).

Face B

June Carter. Elle est plus connue pour sa longue histoire d'amour avec Johnny Cash que pour ses furtives apparitions dans *La Petite Maison dans la prairie*. Mais aucune de ces deux facettes ne rend compte avec justesse de la talentueuse femme de scène qu'a été cette enfant de la country.

ARNAUD LE GOUËFFLEC · NICOLAS MOOG

AU COMMENCEMENT ÉTAIT LA CARTER FAMILY

ALVIN PLEASANT (A.P.) CARTER ÉPOUSE SARA DOUGHERTY EN 1915, ET SON FRÈRE, EZRA, LA COUSINE DE CELLE-CI, MAYBELLE ADDINGTON, EN 1926. ALVIN NE JURE QUE PAR LA MUSIQUE : EN 1927, IL CONVAINC LES DEUX COUSINES, ELLES-MÊMES MUSICIENNES, DE LE SUIVRE JUSQUE DANS LE TENNESSEE POUR PASSER UNE AUDITION.

LE SUCCÈS EST FOUDROYANT. THE CARTER FAMILY, PREMIER GROUPE COMMERCIAL DE COUNTRY MUSIC, ENREGISTRERA PLUS DE 300 TITRES, ÉCRIVANT CERTAINES DES PLUS BELLES PAGES DE CE GENRE MUSICAL.

SA MUSIQUE ? DES CHANSONS TRADITIONNELLES SOUVENT COLLECTÉES PAR A.P. AU GRÉ DE SES DÉAMBULATIONS DANS LES APPALACHES ET RÉARRANGÉES À LA MANIÈRE CARTER, AVEC DES HARMONIES VOCALES CARACTÉRISTIQUES.

MAYBELLE, LA MÈRE DE JUNE, JOUE DU BANJO, DE L'AUTOHARPE ET DE LA GUITARE, DÉVELOPPANT UNE TECHNIQUE BIEN À ELLE, LE « FLAT PICKING », BIENTÔT BAPTISÉE « CARTER STYLE ».

À PARTIR DE 1939, JUNE ET SES SŒURS REJOIGNENT LE GROUPE, QUI TENTE DE SURVIVRE AU DIVORCE D'ALVIN ET SARA, MAIS SE SÉPARE EN 1943.

Maybelle rebondit et fonde avec ses filles : Mother Maybelle and the Carter Sisters.

Dans le groupe, c'est June qui danse et joue la comédie, et c'est elle qui fait le clown.

En 1948, le groupe déménage à Knoxville afin de travailler pour la radio WNOX.

Elles y rencontrent le guitariste Chet Atkins, future légende de la musique populaire américaine, avec qui elles tournent et enregistrent de nombreux disques.

Le groupe se produit au « Grand Ole Opry »...

... une émission de radio hebdomadaire diffusée sur les ondes de la WSM (une radio de Nashville, dans le Tennessee) en direct et en public, tous les samedis soir,

retransmise à la télévision, et mettant à l'honneur les vedettes du moment, elle est un prodigieux accélérateur de notoriété.

Elvis Presley

JUNE ÉPOUSE EN 1952 CARL SMITH,
UN CÉLÈBRE CHANTEUR COUNTRY, AVEC QUI ELLE AURA UNE FILLE.
LE COUPLE DIVORCE EN 1956.
À L'ÉPOQUE, ET DANS LA SOCIÉTÉ CONSERVATRICE QUI L'ENTOURE, LE DIVORCE EST MAL VU. JUNE S'ÉLOIGNE UN TEMPS DE NASHVILLE.
MAIS LE MAL DU PAYS LA RATTRAPE.
C'EST DANS UN BAR QU'ELLE DÉCOUVRE JOHNNY CASH.
ÉCOUTE COMME C'EST BEAU.
I HEAR THE TRAIN A COMIN', IT'S ROLLIN 'ROUND THE BEND, AND I AIN'T SEEN THE SUN-SHINE, SINCE, DON'T KNOW WHEN*...
ELVIS
* J'ENTENDS LE TRAIN AU LOIN, IL ROULE DANS LE VIRAGE, ET JE N'AI PAS VU LE SOLEIL, DEPUIS JE NE SAIS PLUS QUAND...
HELLO, I'M JOHNNY CASH.
JOHNNY CASH EST UN CONTEUR-NÉ.
SA VOIX DE BARYTON EST PROFONDE, CAVERNEUSE...

IL DEVIENDRA UNE FIGURE MAJEURE DE LA MUSIQUE AMÉRICAINE.

SES THÈMES DE PRÉDILECTION ? LA DOULEUR, LA SOIF DE RÉDEMPTION ET LA VIOLENCE.

SA POPULARITÉ TIENT À SA PART D'OMBRE, AINSI QU'À SA CONSCIENCE SOCIALE.

* JE PORTE LE NOIR POUR LES PAUVRES ET LES OPPRIMÉS, [...] JE LE PORTE POUR LE PRISONNIER QUI A PAYÉ SON CRIME DEPUIS LONGTEMPS.
MAN IN BLACK, 1971

LORSQU'ILS SE RENCONTRENT POUR LA PREMIÈRE FOIS, DANS LES COULISSES DU « GRAND OLE OPRY », JOHNNY SE FAIT PROPHÈTE, ET JUNE JOUE L'IRONIE.

THE FABULOUS
JOHNNY
CASH
SHOW
JUNE CARTER

ELLE PARTAGE LA SCÈNE AVEC LUI À DALLAS EN 1961, « AU BIG D JAMBOREE », L'ÉQUIVALENT DU « GRAND OLE OPRY ».

EN 1963, APRÈS LE DÉCÈS D'ALVIN, MAYBELLE REBAPTISE LE GROUPE THE CARTER FAMILY ET CELUI-CI INTÈGRE LE JOHNNY CASH ROAD SHOW.

JUNE CARTER ÉCRIT "RING OF FIRE", DONT JOHNNY CASH, À GRAND RENFORT DE TROMPETTES MEXICAINES, FERA UN ÉNORME TUBE.

LA CHANSON RACONTE LE FEU DU DÉSIR, L'AMOUR QUI CONSUME.

Cette année-là, June, qui vient de divorcer pour la deuxième fois, est enfin libre.
Le mariage de Johnny bat de l'aile.

La faute à son comportement erratique et à sa consommation effrénée d'amphétamines, associées à l'alcool et aux tranquillisants.

Ses frasques sont connues : portes d'hôtel défoncées à la hache, incendie de forêt « accidentel » en Californie…

June va le ramener dans le droit chemin.

Je t'épouserai quand tu seras clean !

En 1968, ils obtiennent un Grammy Award pour la chanson « Jackson »,

dialogue ironique entre un homme et une femme,

Et c'est en l'interprétant sur scène qu'il lui fait sa demande officielle.

Le 1er mars 1968, June épouse Johnny.
Ils seront mariés pendant trente-cinq ans et auront un fils.

SEVRÉ, JOHNNY TENTE DE RELANCER SA CARRIÈRE.
POUR LE SOUTENIR, JUNE L'ACCOMPAGNE SUR SCÈNE EN JANVIER 1968 LORS DE DEUX CONCERTS À LA PRISON DE FOLSOM, EN CALIFORNIE.

JUNE FERA DE LUI UN FERVENT CHRÉTIEN. TOUS DEUX REJOIGNENT LE MOUVEMENT DU CÉLÈBRE PRÉDICATEUR BILLY GRAHAM. EN 1973, JUNE CARTER TIENT LE RÔLE DE MARIE MADELEINE DANS UN FILM TOURNÉ EN ISRAËL SUR LA VIE DE JÉSUS, "THE GOSPEL ROAD," ÉCRIT ET PRODUIT PAR…
JOHNNY CASH LUI-MÊME.

LES DEUX ÉPOUX SONT DEVENUS UN DUO ICONIQUE, AU RISQUE DE PARAÎTRE, SUR LE PLAN CRÉATIF, STATUFIÉS DE LEUR VIVANT.

JUNE REÇOIT EN 1999 LE GRAMMY AWARD DU MEILLEUR ALBUM FOLK TRADITIONNEL POUR « PRESS ON », CHEF-D'OEUVRE EN FORME DE SYNTHÈSE, UNE DES RARES FOIS OÙ ELLE N'AURA PAS JOUÉ COLLECTIF.

JOHNNY, QUANT À LUI, RETROUVE TOUT SON LUSTRE GRÂCE AU PRODUCTEUR DE RAP ET DE METAL RICK RUBIN, LE TEMPS D'UNE POIGNÉE D'ALBUMS CRÉPUSCULAIRES ET APAISÉS.

ELLE MEURT LE 15 MAI 2003 DE COMPLICATIONS CARDIAQUES. JOHNNY LA SUIT DE PRÈS.

LORSQU'ON ÉVOQUE JUNE CARTER, C'EST SOUVENT L'IMAGE DE LA SAINTE QUI REVIENT. LOGIQUE POUR UNE FERVENTE CHRÉTIENNE, QUI SE SERA TOUJOURS POSITIONNÉE COMME TELLE ET AURA SAVAMMENT ENTREMÊLÉ SA VIE PRIVÉE, SA FOI ET SA MUSIQUE, DE TELLE SORTE QU'ON NE PUISSE PLUS LES DÉMÊLER.

PERSONNALITÉ SOLAIRE ET DOTÉE D'UN SENS DE L'HUMOUR PROVERBIAL, FIGURE MAJEURE DE LA MUSIQUE COUNTRY, ELLE RESTE INDISSOCIABLE DE L'HISTOIRE DE LA CARTER FAMILY D'UN CÔTÉ, ET DE L'ODYSSÉE DE JOHNNY CASH DE L'AUTRE : DEUX PANS DE L'HISTOIRE DE LA MUSIQUE AMÉRICAINE.

instantané

La révolte des parapluies. Septembre 2014, Hongkong. La réforme électorale annoncée un mois plus tôt par l'exécutif de cette région administrative spéciale chinoise, ancienne colonie britannique, est reçue comme une menace contre la démocratie. Depuis plusieurs jours, lycéens et étudiants sont dans la rue. À leurs côtés, le photographe Xaume Olleros suit le mouvement, déjà parvenu à épuiser les troupes.

FÉRIEL NAOURA   ÉLISA GÉHIN

© XAUME OLLEROS

LA VEILLE DE CE CLICHÉ, LES POLICIERS ONT CRIBLÉ LE CORTÈGE DE GAZ LACRYMOGÈNES ALORS QU'IL ENTRAIT DANS LE LEGCO, LE PARLEMENT LOCAL. LES CONTESTATAIRES ONT TENU BON, ABRITÉS PAR CET OBJET QUI FERA DE LA RÉVOLTE CELLE « DES PARAPLUIES ».

LE PHOTOGRAPHE ESPAGNOL XAUME OLLEROS A VÉCU CES DERNIERS JOURS AUX CÔTÉS DES JEUNES MANIFESTANTS – BIENTÔT REJOINTS PAR DES MILLIERS DE MILITANTS PRODÉMOCRATIE –, DORMANT AVEC EUX DANS LES RUES OCCUPÉES DU QUARTIER FINANCIER DE L'ADMIRALTY.

LA JOURNÉE A ÉTÉ INTENSE. LES FORCES DE L'ORDRE, DÉPASSÉES, SE SONT PEU PRÉOCCUPÉES DE LA MASSE DE JOURNALISTES ÉTRANGERS VENUS COUVRIR L'ÉVÉNEMENT.

VERS 1 HEURE DU MATIN, LA TENSION EST RETOMBÉE. XAUME OLLEROS DEMANDE À UTILISER LES TOILETTES D'UN BÂTIMENT GARDÉ PAR DES POLICIERS, CE QU'ON LUI ACCORDE SANS OBJECTION. EN RESSORTANT, IL REPÈRE CE TABLEAU INÉDIT.

AU PREMIER PLAN, DES AGENTS HARASSÉS, À TERRE. LEUR FAIBLE NOMBRE ACCENTUE L'AMPLEUR DE LA MOBILISATION DERRIÈRE EUX. LA MASSE DES MANIFESTANTS, POUR LA PLUPART ÉVEILLÉS, S'IMPOSE D'AUTANT PLUS QUE LE REGARD DES QUELQUES POLICIERS ENCORE DEBOUT – TOUT COMME LES CAMÉRAS DES JOURNALISTES EN ARRIÈRE-PLAN – EST BRAQUÉ SUR ELLE.

LE CONTRASTE ENTRE LES DEUX GROUPES EST ACCENTUÉ PAR LE JEU DE LUMIÈRES COMPLÉMENTAIRES QUI IMPRÈGNE L'IMAGE : BLEUTÉE ET FROIDE POUR LES POLICIERS, ORANGÉE ET VIBRANTE POUR LA FOULE.

XAUME OLLEROS PREND TROIS CLICHÉS. PUIS IL DESCEND DISCRÈTEMENT LES ESCALIERS, SANS PRENDRE LE RISQUE DE RÉVEILLER LES FORCES ENDORMIES.

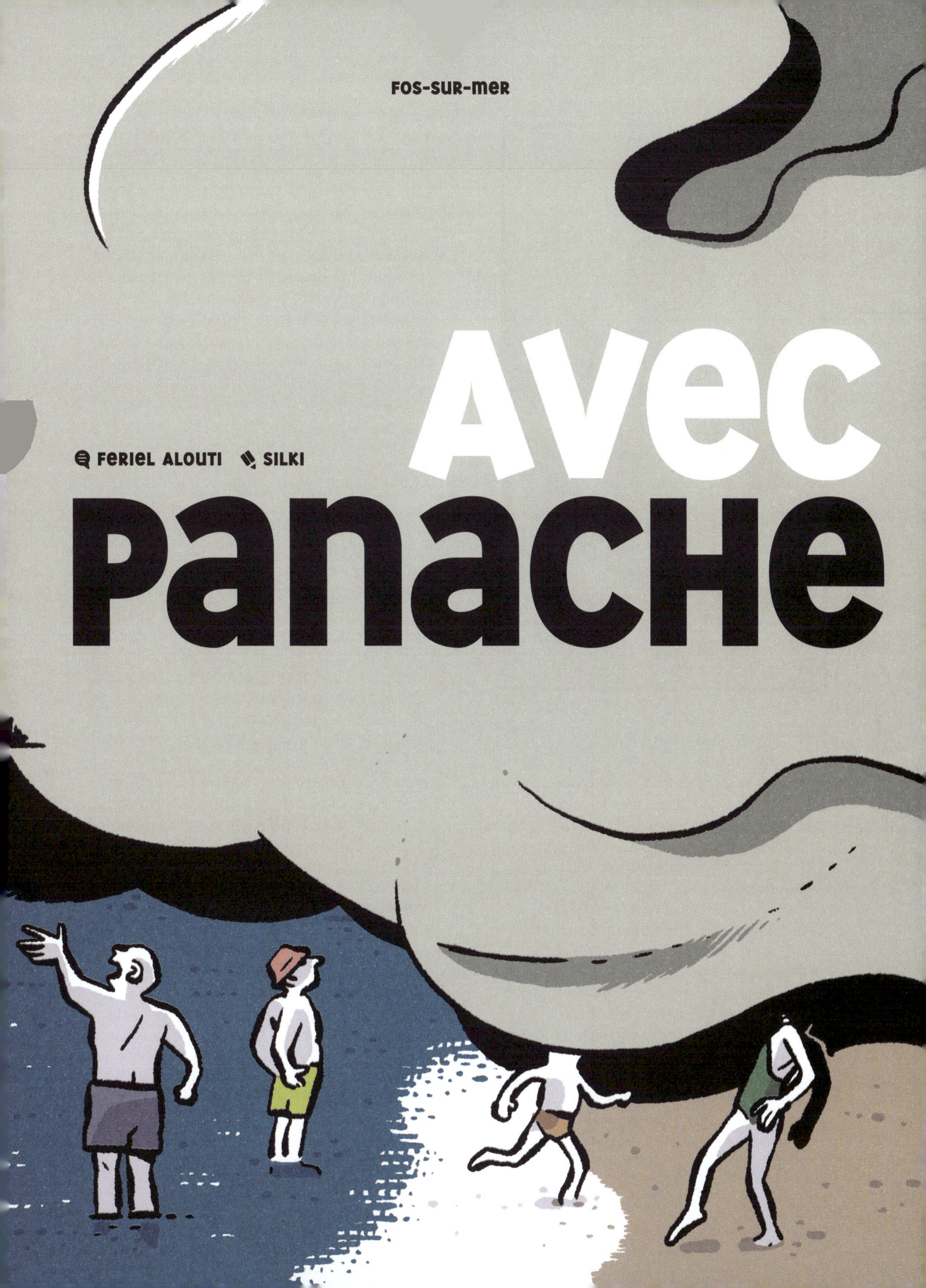
FOS-SUR-MER
AVEC PANACHE
FERIEL ALOUTI
SILKI

Fos-sur-Mer. À l'hiver 2023, le nom de cette ville de près de 16 000 habitants était synonyme de grèves dures contre la réforme des retraites marquées par des réquisitions de salariés. La zone est alors devenue l'un des centres névralgiques des blocages, et pour cause : dépôts de pétrole, raffineries… Ici, les sites d'Esso côtoient ceux de TotalEnergies et, sur quelques milliers d'hectares, cette commune située cinquante kilomètres à l'ouest de Marseille est un concentré de pétrochimie.

Mais pas seulement… Sidérurgie, traitement des déchets dangereux, stockage de gaz, chimie, aciérie-métallurgie : au-delà des hydrocarbures, ce bassin industriel rassemble, avec ses quelque 200 usines et sa quinzaine de sites Seveso, tout ce que notre époque compte d'activités polluantes. Citernes, hauts-fourneaux, pipelines et conteneurs façonnent son paysage qui, derrière les plages de sable fin, n'a plus grand-chose de méditerranéen. Autour des parasols, benzène, métaux lourds, dioxine et particules fines se mêlent dans l'air ambiant.

Sur place, chaque industriel jure respecter la réglementation et ne jamais dépasser les seuils en vigueur. Pourtant, parmi la population vivant à proximité des usines, les maladies graves ou chroniques se multiplient. *« Trois fois plus de risques de cancers », « deux fois plus de risques d'asthme et de diabète », « neuf scléroses en plaques dans la même rue » ;* la presse locale et nationale rivalise de chiffres édifiants et de témoignages glaçants : *« Ici, on ne meurt plus de mort naturelle », « Pour nous, Lubrizol c'est tous les jours ».*

Mais pourquoi, si tout est fait dans les règles, le voisinage de ces usines souffre-t-il tant ? Une partie de l'explication pourrait tenir dans « l'effet cocktail », produit par le cumul et la rencontre à l'air libre des produits émis par les différentes industries. Les ressorts de ces réactions chimiques sont méconnus et leur impact sur la santé impossible à mesurer. Autre piste, l'histoire du site : l'aménagement de cette zone a été imposé, sans consultation de la population, au début des années 1970, puis, pendant des décennies, les émissions et pollutions ont fait l'objet de très peu de restrictions. Aujourd'hui encore, ArcelorMittal, *« principal émetteur de polluants dans l'atmosphère du département »,* bénéficie de dérogations à la directive sur les émissions industrielles.

Des dizaines de milliers d'emplois

Les riverains, eux, ne se sont pas méfiés. *« Il y avait une grande confiance des habitants à l'égard des industriels et de l'État. Ils se disaient : "Si on nous laisse habiter là, c'est que tout va bien" »,* explique au journal *Le Monde* l'avocate Julie Andreu qui a engagé une bataille judiciaire au nom des Fosséens. La première dans l'histoire de cette ville où l'industrie qui intoxique est également, en tant que pourvoyeuse de dizaines de milliers d'emplois, celle qui nourrit.

Dans le même temps, depuis quelques mois, Fos-sur-Mer se présente comme un modèle de transition. En janvier 2023, le gouvernement a annoncé son plan de soutien à la décarbonation. La commune, qui concentre à elle seule un peu moins d'un quart des émissions industrielles de CO_2 françaises, a été sélectionnée, avec Dunkerque, comme l'un des « territoires pionniers ». L'objectif ? La neutralité carbone à l'horizon 2050. La méthode ? Miser sur des technologies de captation de CO_2, l'hydrogène « vert » et les panneaux solaires. Avec, pour ce faire, une aide de 4 millions d'euros de l'État destinés aux études de faisabilité. *« Notre ville a les atouts pour être la "Silicon Valley" de la décarbonation et de la transition écologique ! »* s'enflammait alors le maire de la ville, René Raimondi.

Mais ces programmes ambitieux font peu de cas des habitants et de leur santé. Faute de moyens, les études à grande échelle font défaut, freinant ainsi tout processus de reconnaissance et d'indemnisation. Qu'à cela ne tienne, les « sacrifiés de Fos » s'organisent pour collecter les preuves de leur intoxication dans l'espoir de mettre, un jour, décideurs et industriels face à leurs responsabilités.

CE JOUR-LÀ, UNE QUARANTAINE D'HABITANTS DE LA VILLE ET DES ALENTOURS ONT FAIT LE DÉPLACEMENT POUR ÉCOUTER L'AVOCATE **JULIE ANDREU.**
NOUS ALLONS RÉGULIÈREMENT RENCONTRER LA JUGE D'INSTRUCTION.
ELLE A AFFICHÉ DANS SON BUREAU UNE CARTOGRAPHIE DE LA ZONE, ELLE A NUMÉROTÉ LES USINES, ELLE TRAVAILLE ACTIVEMENT SUR LE DOSSIER.
IL Y A EU DES AUDITIONS ET DES PERQUISITIONS.
LE COMBAT VA ÊTRE LONG MAIS IL EN VAUT LA PEINE.
À SES CÔTÉS, **DANIEL MOUTET**, LE PRÉSIDENT DE L'ASSOCIATION DE DÉFENSE ET DE PROTECTION DU LITTORAL DU GOLFE DE FOS (ADPLGF), FAIT DÉFILER UN AN DE CLICHÉS.
STOP
POLLUTION
ADPLGF
TOUS MONTRENT DES VOLUTES DE FUMÉES TOXIQUES.
Esso 31 janvier 2022, 15h50

QUATRE ANS PLUS TÔT, PLUSIEURS DIZAINES DE RIVERAINS, SEPT ASSOCIATIONS (DONT L'ADPLGF) ET UN SYNDICAT ONT ENTAMÉ UN LONG COMBAT JUDICIAIRE.
LES HABITANTS NE RÉCLAMENT PAS LE PROCÈS DE L'INDUSTRIALISATION,
ILS DEMANDENT LE RESPECT DES NORMES ET LA FIN DES INCIDENTS D'EXPLOITATION.
AVEC L'AIDE DE JULIE ANDREU, ILS ONT D'ABORD DÉPOSÉ UNE PLAINTE CONTRE X POUR « MISE EN DANGER DE LA VIE D'AUTRUI » DEVANT LE PARQUET DE MARSEILLE.
UNE INFORMATION JUDICIAIRE A DEPUIS ÉTÉ CONFIÉE À UNE JUGE D'INSTRUCTION DU PÔLE DE SANTÉ PUBLIQUE.
L'ANNÉE SUIVANTE, EN 2019, QUATORZE PLAIGNANTS DU POURTOUR DE L'ÉTANG DE BERRE ONT ÉGALEMENT DÉCIDÉ D'ASSIGNER QUATRE INDUSTRIELS AU CIVIL – ARCELORMITTAL, ESSO, DÉPÔT PÉTROLIER DE FOS ET KEM ONE – POUR « TROUBLES ANORMAUX DU VOISINAGE », « PRÉJUDICE MORAL D'ANXIÉTÉ » ET « PRÉJUDICE PHYSIQUE ».
FOS-SUR-MER
ÉTANG DE BERRE
MARSEILLE
MER MÉDITERRANÉE

JULIE ANDREU PROFITE DE CETTE RÉUNION POUR DÉCORTIQUER LE PREMIER JUGEMENT RENDU EN AVRIL 2022, PAR LE TRIBUNAL JUDICIAIRE D'AIX-EN-PROVENCE, DANS LE CADRE DE LA PROCÉDURE AU CIVIL.
C'EST UNE DÉCISION TOTALEMENT INCOMPRÉHENSIBLE.
POUR RÉSUMER, LE JUGE SAIT TRÈS BIEN QU'IL Y A DES TROUBLES MAIS IL NE RECONNAÎT PAS LEUR CARACTÈRE ANORMAL CAR SI VOUS HABITEZ LÀ C'EST QUE VOUS LES ACCEPTEZ.
EN GROS, VOUS ÊTES DES SACRIFIÉS.
HONNÊTEMENT, ON PENSE QUE L'ON VA PERDRE TOUS LES DOSSIERS MAIS CE N'EST PAS GRAVE.
PARCE QUE L'ON COMMENCE TOUJOURS PAR DES ÉCHECS.
IL NE FAUT PAS BAISSER LES BRAS,
ET, S'IL LE FAUT, NOUS IRONS JUSQU'À LA COUR DE CASSATION.
LA ZONE INDUSTRIALO-PORTUAIRE DE FOS-SUR-MER ACCUEILLE SUR 10 000 HECTARES PAS MOINS DE 200 USINES SPÉCIALISÉES DANS LES DOMAINES DE LA PÉTROCHIMIE, LA MÉTALLURGIE ET LA SIDÉRURGIE.

PRÈS DE 40 000 PERSONNES Y TRAVAILLENT ET DES DIZAINES DE MILLIERS Y VIVENT ALORS MÊME QUE CES INDUSTRIES CONSTITUENT LE PRINCIPAL CONTRIBUTEUR À LA POLLUTION ATMOSPHÉRIQUE DES ENVIRONS.
LA LISTE DES REJETS D'USINES EST INTERMINABLE : MÉTAUX LOURDS, PARTICULES FINES, DIOXYDE DE CARBONE, DIOXYDE DE SOUFRE, MONOXYDE DE CARBONE, GAZ À EFFET DE SERRE, COMPOSÉS ORGANIQUES VOLATILS TELS QUE LE BENZÈNE…
DEPUIS DES ANNÉES, LES ÉTUDES SCIENTIFIQUES SE MULTIPLIENT ET MONTRENT LES CONSÉQUENCES À LA FOIS ENVIRONNEMENTALES ET SANITAIRES DE CETTE POLLUTION.
EN JANVIER 2017, AVEC L'ÉTUDE FOS-EPSEAL, LA CHERCHEUSE AMÉRICAINE **BARBARA ALLEN** A CONSTATÉ QUE, DANS CE COIN DE FRANCE, LA POPULATION DÉVELOPPE BIEN PLUS QU'AILLEURS DES CANCERS, DES MALADIES CARDIO-VASCULAIRES, DES PATHOLOGIES RESPIRATOIRES, DU DIABÈTE ET DES MALADIES DE LA THYROÏDE.

LES INDUSTRIELS SONT RÉGULIÈREMENT ÉPINGLÉS POUR LEURS MANQUEMENTS À LA RÉGLEMENTATION. SANS PARLER DES INCIDENTS D'EXPLOITATION.
ENTRE 2016 ET 2021, LE BUREAU D'ANALYSE DES RISQUES ET POLLUTIONS INDUSTRIELS EN A AINSI RECENSÉ PRÈS DE 600 DANS LES BOUCHES-DU-RHÔNE.
BOUCHES-DU-RHÔNE
MARSEILLE
FOS-SUR-MER
PLUS DE LA MOITIÉ CONCERNE LA ZONE DE FOS.
C'EST POURQUOI JULIE ANDREU COMPTE OUVRIR UN NOUVEAU FRONT JUDICIAIRE. AVEC SON ÉQUIPE, ELLE PRÉPARE UNE REQUÊTE DEVANT LE TRIBUNAL ADMINISTRATIF POUR « CARENCE FAUTIVE DE L'ÉTAT ».

CETTE DERNIÈRE ACTION NOUS SEMBLE IMPORTANTE CAR IL N'Y A PAS UN, MAIS PLUSIEURS RESPONSABLES.
IL Y A CELUI QUI VOUS EXPOSE DIRECTEMENT ET IL Y A AUSSI L'ÉTAT, C'EST-À-DIRE LE PRÉFET, QUI AUTORISE UNE USINE À POLLUER.
EN CAS DE NON-RESPECT DES VALEURS LIMITES D'ÉMANATION, IL CONSTATE ET DRESSE UN ARRÊTÉ DE MISE EN DEMEURE, MAIS C'EST TOUT.
HÉLOÏSE GUSTIN DE CAROLIS JURISTE SPÉCIALISÉE EN DROIT DE L'ENVIRONNEMENT
IL VA FALLOIR DÉMONTRER AUX JUGES LE PRÉJUDICE SUBI. DES PHOTOS COMME CELLES DE DANIEL MOUTET, C'EST BIEN, ÇA NOUS AIDE.
VOUS POUVEZ DEMANDER À VOS PROCHES UNE ATTESTATION QUI TÉMOIGNE DE LA MANIÈRE DONT CETTE POLLUTION VOUS IMPACTE.
DIRE QUE VOUS N'OSEZ PLUS SORTIR DANS VOTRE JARDIN, PLANTER LES LÉGUMES, OUVRIR LA FENÊTRE...
N'HÉSITEZ PAS À FAIRE DES ANALYSES SANGUINES, URINAIRES, CAPILLAIRES. PAREIL POUR LA POUSSIÈRE QUE VOUS RETROUVEZ SUR VOTRE MOBILIER DE JARDIN OU POUR LA TERRE...

C'EST VRAI QUE ÇA PARAÎT COMPLIQUÉ.
MAIS, EN DÉFINITIVE, QUI N'EN A PAS DE LA POUSSIÈRE DANS SON JARDIN ?
BONSOIR.
QUAND JE SUIS NÉ DANS LES ANNÉES 1950, IL N'Y AVAIT PAS D'USINES À FOS.
LES INDUSTRIELS ET L'ÉTAT AURAIENT DÛ NOUS PROTÉGER.
MOI, J'AI PERDU MA FEMME, ELLE AVAIT PLUSIEURS CANCERS. JE SUIS GRAND-PÈRE. J'AI UNE PETITE-FILLE DE 8 ANS QUI FAIT DES CRISES D'ASTHME.

AVEC CES USINES, LES INDUSTRIELS ONT GAGNÉ BEAUCOUP DE SOUS MAIS ILS N'ONT JAMAIS PENSÉ À LA SANTÉ DES RIVERAINS.
VOILÀ, C'EST TOUT.
CET HOMME S'APPELLE **TOUMI ANANE**, ET JULIE ANDREU COMME DANIEL MOUTET LE CONNAISSENT BIEN.
AVEC SON ÉPOUSE SYLVIE, ILS FAISAIENT PARTIE DES QUATORZE PLAIGNANTS À AVOIR ENGAGÉ UNE PROCÉDURE AU CIVIL.
ILS FAISAIENT AUSSI PARTIE DES 250 PARTIES CIVILES ENGAGÉES DANS LE DOSSIER PÉNAL.

MAIS QUELQUES MOIS PLUS TÔT, APRÈS DÉJÀ QUATRE CANCERS, **SYLVIE ANANE** AVAIT ÉTÉ DIAGNOSTIQUÉE D'UNE TUMEUR AU CERVEAU ET DE MÉTASTASES SUR LE POUMON GAUCHE.
NE T'INQUIÈTE PAS, SY, TU VAS REMONTER LA PENTE.
MAIS TU NE COMPRENDS PAS QUE JE SUIS INCAPABLE DE LA REMONTER CETTE PUTAIN DE PENTE.
VOUS ENTENDEZ, JE SUIS FATIGUÉE !
ÇA FAIT VINGT ANS QUE TU ES MALADE, JE COMPRENDS QUE TU EN AIES MARRE.
MAIS ÇA VA LE FAIRE, MAMAN.
JE NE VEUX PLUS ME BATTRE. JE VEUX MOURIR, SANS SOUFFRIR.
ELLE EST MORTE LE 24 NOVEMBRE 2021, QUATRE MOIS AVANT LE PROCÈS. ELLE AVAIT 58 ANS.

MAËVA ANANE,
LA FILLE DE TOUMI ET SYLVIE,
A 35 ANS.
PENDANT LONGTEMPS, LA POLLUTION NE ME FAISAIT PAS PEUR.
MAIS, EN MÊME TEMPS, ON VOYAIT BIEN QUE DES POUSSIÈRES PLEINES DE PAILLETTES TOMBAIENT SUR NOS TERRASSES.
QUAND ON S'EST MIS À PARLER DES PARTICULES FINES QUI PÉNÈTRENT DANS LES POUMONS, C'EST LÀ QUE J'AI COMPRIS QUE ÇA COMMENÇAIT À CRAINDRE.
PUIS MA MÈRE EST TOMBÉE MALADE. DES COPAINS DE MES PARENTS AUSSI.
ON EST ALORS AU DÉBUT DES ANNÉES 2000 ET, AU MÊME MOMENT, LES POUVOIRS PUBLICS CHOISISSENT FOS-SUR-MER POUR INSTALLER UN INCINÉRATEUR DESTINÉ À BRÛLER LES ORDURES MÉNAGÈRES DE L'AGGLOMÉRATION MARSEILLAISE.

LE PROJET DE TROP POUR LES HABITANTS QUI, NON SEULEMENT ONT LE SENTIMENT DE VOIR LEUR VILLE SE TRANSFORMER EN POUBELLE GÉANTE, MAIS CRAIGNENT ÉGALEMENT LES CONSÉQUENCES DES ÉMISSIONS SUR LEUR SANTÉ.
AU FIL DES ANS, DE DISCUSSIONS EN MOBILISATIONS, LA POLLUTION ÉMISE PAR LES INDUSTRIELS DEVIENT UN SUJET DE PRÉOCCUPATION ET LES FUMÉES REJETÉES, UN OBJET D'INQUIÉTUDE.
JAMAIS d'incinérateurs
ni à Fos-sur-Mer ni ailleur
AUJOURD'HUI, LA CRAINTE DE DÉVELOPPER UNE MALADIE EST TELLE QUE MAËVA ANANE ENVISAGE DE DÉMÉNAGER.
CHAQUE FOIS QUE JE VOIS UN NUAGE PASSER, JE ME DIS :
MAIS POURQUOI EST-ON ENCORE LÀ ?

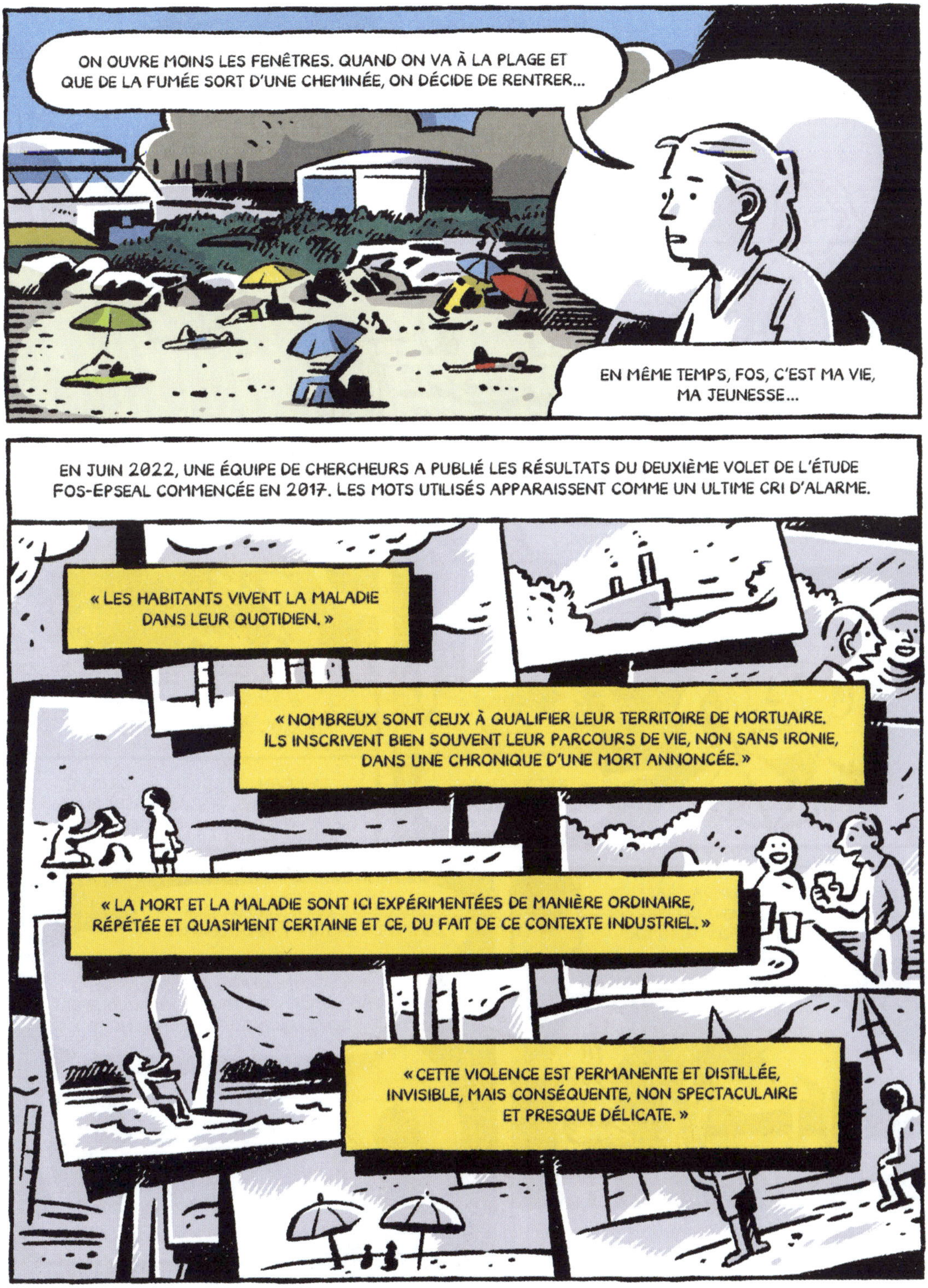
ON OUVRE MOINS LES FENÊTRES. QUAND ON VA À LA PLAGE ET QUE DE LA FUMÉE SORT D'UNE CHEMINÉE, ON DÉCIDE DE RENTRER...
EN MÊME TEMPS, FOS, C'EST MA VIE, MA JEUNESSE...
EN JUIN 2022, UNE ÉQUIPE DE CHERCHEURS A PUBLIÉ LES RÉSULTATS DU DEUXIÈME VOLET DE L'ÉTUDE FOS-EPSEAL COMMENCÉE EN 2017. LES MOTS UTILISÉS APPARAISSENT COMME UN ULTIME CRI D'ALARME.
« LES HABITANTS VIVENT LA MALADIE DANS LEUR QUOTIDIEN. »
« NOMBREUX SONT CEUX À QUALIFIER LEUR TERRITOIRE DE MORTUAIRE. ILS INSCRIVENT BIEN SOUVENT LEUR PARCOURS DE VIE, NON SANS IRONIE, DANS UNE CHRONIQUE D'UNE MORT ANNONCÉE. »
« LA MORT ET LA MALADIE SONT ICI EXPÉRIMENTÉES DE MANIÈRE ORDINAIRE, RÉPÉTÉE ET QUASIMENT CERTAINE ET CE, DU FAIT DE CE CONTEXTE INDUSTRIEL. »
« CETTE VIOLENCE EST PERMANENTE ET DISTILLÉE, INVISIBLE, MAIS CONSÉQUENTE, NON SPECTACULAIRE ET PRESQUE DÉLICATE. »

LINDA GRASSI A TOUJOURS VÉCU ICI.
UNE NUIT DE NOVEMBRE 1992, UNE TRÈS FORTE EXPLOSION A ENDOMMAGÉ LA RAFFINERIE TOTAL DE LA MÈDE, SUR LES BORDS DE L'ÉTANG DE BERRE.
J'ÉTAIS JEUNE, ÇA M'A MARQUÉE.
L'IMPACT A ÉTÉ TELLEMENT VIOLENT QUE MON LIT S'EST DÉCALÉ D'UN MÈTRE. LES VITRES DES MAGASINS ONT EXPLOSÉ, IL PLEUVAIT MÊME DE LA LAINE DE VERRE.
LE BILAN EST LOURD, 6 MORTS ET 37 BLESSÉS. CERTAINS HABITANTS EFFRAYÉS DÉCIDENT DE PLIER BAGAGE.
DIX ANS PLUS TARD, LINDA GRASSI ET SON ÉPOUX ACQUIÈRENT UN TERRAIN CONSTRUCTIBLE À FOS-SUR-MER.
LA VIE SUIT SON COURS JUSQU'À CE QU'ON LUI DIAGNOSTIQUE, À 39 ANS, UN CANCER DU SEIN.
AU DÉBUT, JE ME SUIS DIT QUE C'ÉTAIT LA FAUTE À PAS DE CHANCE.
PUIS PENDANT MA CHIMIO, J'AI REGARDÉ UN DOCUMENTAIRE QUI PARLAIT DE LA POLLUTION INDUSTRIELLE. BEAUCOUP DE GENS MALADES TÉMOIGNAIENT.
J'AI FONDU EN LARMES.

DEPUIS, ELLE EST CONVAINCUE QUE LES REJETS DES INDUSTRIELS NUISENT À LA SANTÉ DES FOSSÉENS. SURTOUT DEPUIS QU'ELLE SAIT QUE SON CANCER N'EST PAS D'ORIGINE GÉNÉTIQUE.
SON ONCOLOGUE A ÉVOQUÉ UN « COCKTAIL DE VIE » : LE STRESS, L'ALIMENTATION… SANS JAMAIS MENTIONNER LA POLLUTION ATMOSPHÉRIQUE.
SA FILLE **CARLA**, ÉTUDIANTE EN DROIT, 22 ANS, RÊVE D'AILLEURS. SON FILS **QUENTIN**, TOUT JUSTE ÂGÉ DE 18 ANS, VIENT DE TERMINER SA FORMATION DE TUYAUTEUR AU SEIN DE LA RAFFINERIE DANS LAQUELLE SON PÈRE, SOUDEUR, EST EMPLOYÉ.
MAINTENANT QUE J'AI PRIS CONSCIENCE DU PROBLÈME, JE NE L'ACCEPTE PLUS. CE N'EST PAS POSSIBLE QUE NOUS, PETITES GENS, NE FASSIONS QUE SUBIR.
MAIS QU'EST-CE QUE TU CROIS ? L'ÉTAT NE VA PAS VOUS AIDER, TU NE BRASSES PAS DES MILLIARDS CHAQUE ANNÉE.
L'ARGENT GOUVERNE LE MONDE, TU APPRENDS ÇA À TON ÂGE ?
MAIS ÇA COÛTE AUSSI BEAUCOUP D'ARGENT À LA SÉCU TOUS CES CANCERS.
IL Y A CINQUANTE ANS, QUI AURAIT CRU QUE LES CONSTRUCTEURS AUTOMOBILES ACCEPTERAIENT LA CEINTURE DE SÉCURITÉ ?
VOUS ÊTES COMBIEN DANS TON ASSOCIATION ?
DEUX CENTS, JE CROIS.
TU TE RENDS COMPTE QUE C'EST RIDICULE ?

IL A POURTANT FALLU BEAUCOUP DE TEMPS À DANIEL MOUTET POUR OBTENIR UNE TELLE MOBILISATION.
ADPLGF
ADPLGF
DEPUIS TROIS ANS, SON ASSOCIATION OCCUPE UN LOCAL PRÊTÉ PAR LA MUNICIPALITÉ.
VOICI VINGT ANS DE COMBAT.

C'EST ICI QUE L'ADPLGF CONSERVE UNE PARTIE DE SES ARCHIVES.
DEUX DÉCENNIES DE REVUES DE PRESSE, DE COURRIERS, D'ENQUÊTES PUBLIQUES, D'ANALYSES SCIENTIFIQUES PRÉCIEUSEMENT CONSERVÉS.
DANS LE LOCAL, IL Y A UNE SALLE DE RÉUNION DE 55 M², ÉQUIPÉE POUR LA VISIOCONFÉRENCE.
ON RESPIRE DE L'AIR POLLUÉ MAIS GRÂCE AUX INDUSTRIES, ON EST UNE VILLE TRÈS RICHE...
DANIEL MOUTET A TOUJOURS VÉCU AU PIED DES USINES. DANS LES ANNÉES 1950, SON PÈRE, ALORS NÎMOIS, COMMENCE À TRAVAILLER POUR NAPHTACHIMIE, SPÉCIALISÉE DANS LA FABRICATION DE GRANULES EN PLASTIQUE.
NÎMES
ARLES
85 KM
NAPHTACHIMIE
IL FAIT TOUS LES JOURS L'ALLER-RETOUR ENTRE NÎMES ET MARTIGUES JUSQU'À CE QUE LA DIRECTION DE L'USINE LUI DEMANDE DE VENIR VIVRE PRÈS DE CELLE-CI.
FOS-SUR-MER
SA FAMILLE BÉNÉFICIE MÊME D'UN PRÊT À TAUX ZÉRO AFIN DE CONCRÉTISER SES RÊVES IMMOBILIERS. ARRIVÉ COMME SIMPLE MÉCANICIEN, IL TERMINE INGÉNIEUR.
MARTIGUES
MON PÈRE ÉTAIT TOUJOURS STRESSÉ, ANGOISSÉ PAR LE RISQUE D'EXPLOSION. J'AI GRANDI DANS CETTE AMBIANCE-LÀ.
IL EST MORT D'UNE CRISE CARDIAQUE SIX MOIS APRÈS SA RETRAITE.

PENDANT TRENTE ANS, DANIEL MOUTET A TRAVAILLÉ SUR LE PORT AUTONOME DE MARSEILLE. IL A PRIS SA RETRAITE EN 2012.
STOP POLLUTION
ADPLGF
À L'ÉPOQUE, CELA FAIT DÉJÀ DIX ANS QU'IL SE MOBILISE CONTRE LA POLLUTION. SON COMBAT DÉBUTE EN 2002 LORSQUE GAZ DE FRANCE ANNONCE LA CONSTRUCTION D'UN TERMINAL MÉTHANIER À FOS-SUR-MER.
SON ASSOCIATION DÉPOSE UN RECOURS, ET LE CHANTIER EST FINALEMENT REVU À LA BAISSE.
MAIS C'EST LE PROJET D'INCINÉRATEUR POUR LES DÉCHETS DE L'AGGLOMÉRATION DE MARSEILLE, L'ANNÉE SUIVANTE, QUI EST LE VRAI DÉCLENCHEUR.
ÇA A ÉTÉ LA GOUTTE D'EAU QUI A FAIT DÉBORDER LE VASE. ON A DÉCIDÉ DE PORTER L'AFFAIRE EN JUSTICE MAIS ON A PERDU LE RECOURS.
EN PARALLÈLE, DANIEL MOUTET S'EST MIS À PHOTOGRAPHIER LES FUMÉES ÉMISES PAR LES INDUSTRIELS. DES PANACHES ROUGES, MARRON, OCRE, JAUNES, PARFOIS NAUSÉABONDS… IL LUI ARRIVE DE LES SUIVRE SUR DES KILOMÈTRES.
UN JOUR, LE NUAGE ÉTAIT TELLEMENT DENSE QUE J'AI QUITTÉ LE BOULOT POUR LE SUIVRE.
JE SUIS ALLÉ JUSQU'À NÎMES !

IL ACCUMULE LES CLICHÉS, EN PARLE AVEC DES INGÉNIEURS RETRAITÉS MEMBRES DE L'ASSOCIATION ET VOIT LES CANCERS AUTOUR DE LUI SE MULTIPLIER. ALORS UNE QUESTION SURGIT...
LES ALIMENTS CONSOMMÉS LOCALEMENT SONT-ILS CONTAMINÉS ?
DANIEL MOUTET PROFITE D'UN DON DE 53 000 EUROS – VERSÉ PAR UN COUPLE DE LA COMMUNE TOUTE PROCHE DE MIRAMAS DONT LE FILS DE 3 ANS EST MORT D'UN CANCER DE TYPE INDÉTERMINÉ – POUR FINANCER, EN 2016, UNE ÉTUDE SCIENTIFIQUE.
LE VERDICT TOMBE DEUX ANS PLUS TARD. LA VIANDE DE TAUREAU, LES MOULES, LE FROMAGE DE CHÈVRE ET LES ŒUFS SONT CONTAMINÉS AUX MÉTAUX LOURDS : FURANE, DIOXINE ET AUTRES PERTURBATEURS ENDOCRINIENS. DES ALIMENTS PRODUITS LOCALEMENT ET POURTANT ESTAMPILLÉS AOC.

LE MILITANT ASSOCIATIF DÉCIDE ALORS DE S'ENGAGER ENCORE PLUS. QUAND JULIE ANDREU LUI AFFIRME QUE LA BATAILLE JUDICIAIRE PEUT ÊTRE GAGNÉE, IL FONCE, SANS HÉSITER.
ÇA A BOUFFÉ MON EXISTENCE MAIS J'IRAI JUSQU'AU BOUT.
PAS POUR MOI, PAS POUR NOUS, MAIS POUR LES GÉNÉRATIONS À VENIR.
POUR COMPLÉTER CE COMBAT JUDICIAIRE, DANIEL MOUTET S'EST AUSSI LANCÉ SUR UN TOUT AUTRE TERRAIN, CELUI DE LA RECHERCHE SCIENTIFIQUE.
JUSQUE-LÀ PERSONNE N'AVAIT ANALYSÉ LES PANACHES DE FUMÉE QU'IL PHOTOGRAPHIE.

CERTES, LES INDUSTRIELS, QUI ONT POUR MISSION DE S'AUTOCONTRÔLER, PRÉLÈVENT DES ÉCHANTILLONS DANS LES USINES JUSTE AVANT QUE LES FUMÉES NE PÉNÈTRENT DANS LES CHEMINÉES. MAIS AUCUN CHERCHEUR NE SAIT COMMENT ÉVOLUE LA CHIMIE DE CES PANACHES TOXIQUES, UNE FOIS LIBÉRÉS DANS L'AIR.
QUE SE PASSE-T-IL LORSQU'UNE FUMÉE EST EXPULSÉE À UNE TEMPÉRATURE DE 180 DEGRÉS AVEC UN FORT TAUX D'HUMIDITÉ, ET ENTRE EN CONTACT AVEC L'AIR AMBIANT, QUI PLUS EST CONFRONTÉE AU RAYONNEMENT DU SOLEIL ?
POUR LE SAVOIR, IL A EU L'IDÉE DE S'ASSOCIER À UNE START-UP LOCALE ET À UN LABORATOIRE DE RECHERCHE SCIENTIFIQUE. APRÈS UN ESSAI CONCLUANT, IL A RÉCOLTÉ DE PREMIERS PRÉLÈVEMENTS PAR DRONE. IL ATTEND AUJOURD'HUI LES RÉSULTATS.
IL ESPÈRE QUE CES RECHERCHES POURRONT, UN JOUR, SERVIR DEVANT LA JUSTICE.

17 MAI 2022, FOS-SUR-MER
MERCI BEAUCOUP D'ÊTRE VENUES.
IL FAUT QUE CE QUE VOUS SUBISSEZ DEPUIS DES ANNÉES SOIT DIT.
ON EST LÀ POUR VOUS AIDER, POUR VOUS SOUTENIR, ON SERA À VOS CÔTÉS QUOI QU'IL SE PASSE.
ADPLGF

MAINTENANT, ON VA ÉTUDIER LE DOSSIER PÉNAL DE 1 200 PAGES TRANSMIS PAR LA JUGE D'INSTRUCTION.
ET ON ATTEND L'ANNONCE, DANS LES PROCHAINS MOIS, DE LA MISE EN EXAMEN D'INDUSTRIELS.
MARSEILLE

« Sans reconnaissance, il est impossible de mettre en place une surveillance »

Christelle Gramaglia est sociologue des sciences et de l'environnement, à l'UMR G-Eau, rattaché à l'Inrae, à Montpellier.

Pour faire reconnaître une maladie professionnelle, la démarche administrative est balisée, mais aboutit difficilement. Pour les « pathologies environnementales », c'est encore plus compliqué. Les riverains de Fos-sur-Mer en sont des exemples criants.

Pourquoi est-il si difficile d'établir officiellement un lien entre maladies et environnement ?

Pour identifier l'origine d'une pathologie, les autorités s'appuyent le plus souvent sur l'épidémiologie. C'est une discipline qui tente d'isoler les causes d'une maladie, en établissant des statistiques à partir des données de santé. Mais ses outils de mesure sont compliqués. Par exemple, pour montrer qu'une maladie est bien liée à un type de pollution, il faudrait éliminer de l'échantillon

CREDIT PHOTO : DANIEL MOUTET / ADPLGF

Au fil des ans, l'association de défense et de protection du littoral du golfe de Fos (ADPLGF) a collecté des milliers de photos des rejets d'usines.

étudié toutes les personnes fumeuses, alors même que les causes d'une maladie peuvent mêler des facteurs de pollution et de tabagisme. Et si l'échantillon est trop réduit, l'étude n'est plus fiable. Cette rigueur ne permet souvent pas de produire des preuves irréfutables.

Quel impact peut avoir cette absence de lien établi pour les habitants des territoires exposés ?

Sans reconnaissance, il est impossible de mettre en place une surveillance des pollutions adaptée au territoire. Puis d'organiser un suivi pour traiter les conséquences sur la santé des habitants. Cette difficulté à établir un lien de cause à effet empêche aussi une responsabilisation des industriels, et la remise en question de la pollution à la source.

Existe-t-il d'autres méthodes susceptibles d'établir cette corrélation ?

L'Institut écocitoyen pour la connaissance des pollutions de Fos considère que les expériences de vie sur le territoire donnent aux habitants une connaissance fine de celui-ci. Les riverains font l'expérience quotidienne d'odeurs, de panaches de fumée, de poussière, de la mort d'oiseaux. Ils expriment clairement que les conditions de vie sont altérées dans ce territoire pollué. Pourtant, les capteurs placés par les autorités sanitaires ne mesurent rien. À l'inverse, les chercheurs qui se fondent sur les connaissances des habitants pour choisir l'emplacement de leurs capteurs obtiennent des résultats très différents. Mais lorsqu'un scientifique tente ainsi de compléter l'approche épidémiologique, les autorités contestent, sous prétexte que l'analyse serait biaisée.

Comment faire reconnaître ces méthodologies ?

Les agents de diverses administrations, comme la Direction régionale de l'environnement, de l'aménagement et du logement (Dreal), disposent de trop peu de marge de manœuvre pour être réceptifs aux propositions qui émanent du terrain. Alors même que par le passé des contextes d'urgence ont forcé différents acteurs à travailler ensemble, avec des résultats enthousiasmants. Au début des années 1970, une crise environnementale dans le golfe de Fos a entraîné un blocage du port par les pêcheurs. Il s'est ensuivi la création d'une instance de concertation régionale entre l'État, les industriels et les associations : le secrétariat permanent pour la Prévention des pollutions et des risques industriels. Peu de temps après, les niveaux d'émissions de dioxyde de soufre ont nettement baissé dans le territoire. Depuis décliné dans d'autres zones, le dispositif ne s'active aujourd'hui qu'aux moments de pression médiatique. Or, nous avons besoin de cette intelligence collective au quotidien pour aboutir à une meilleure cohabitation entre les industriels et les populations.

LES AGENTS DES ADMINISTRATIONS ONT TROP PEU DE MARGE POUR ÊTRE RÉCEPTIFS AUX PROPOSITIONS DU TERRAIN

PROPOS RECUEILLIS PAR **LÉONE LAALI**

À VOIR

Fos-sur-Mer : les révoltés de la pollution, **de Yann Rineau et Antoine Dreyfus. Ce documentaire donne la parole aux Fosséens.**
59 min (2019).

À LIRE

La Contamination du monde. Une histoire des pollutions à l'âge industriel, **de François Jarrige et Thomas Le Roux. Trois cents ans de pollution industrielle, entre conflits et organisation des pouvoirs.**
Éd. Seuil (2020).

SPORT

MI-TEMPS

Boxe thaïlandaise. Surnommée l'« art des huit membres », sa pratique fait trembler les boxeurs et boxeuses les plus aguerris. Pourtant, c'est avec candeur et légèreté que notre dessinatrice s'est lancée à l'assaut du ring… sans imaginer le sombre destin qui serait le sien.

ALIX GARIN

LE MUAY THAÏ EST LE SPORT NATIONAL EN THAÏLANDE.
PLUS QU'UNE CULTURE, C'EST UNE VÉRITABLE ÉCONOMIE LÀ-BAS.

SPORT DE COMBAT HÉRITÉ DE LA BOXE KHMÈRE, IL FAIT PARTIE DE L'ENTRAÎNEMENT MILITAIRE DÈS LE XVIe SIÈCLE.

SA PARTICULARITÉ EST D'UTILISER HUIT PARTIES DU CORPS POUR FRAPPER.
poings
coudes
pieds
genoux (et tibias)

BREF, C'EST AVEC LA PLUS GRANDE NAÏVETÉ QUE JE ME SUIS DIT QUE LA BOXE THAÏE AVAIT SUFFISAMMENT DE PANACHE POUR FAIRE UNE BONNE CHRONIQUE.
ON VA BIEN S'AMUSER, HIHI !

J'AI DONC ACCOMPAGNÉ MON MEC (QUI PRATIQUE) DANS LE CLUB LE PLUS PROCHE, À MOLENBEEK (EN BELGIQUE).
ring de boxe
cage de MMA
sacs de frappe
zone d'entraînement
IL FAUT MONTRER SON CASIER JUDICIAIRE POUR S'INSCRIRE. ON N'AIME PAS LES BAGARREURS ICI...

* BOXER SANS ADVERSAIRE.

À CET INSTANT, JE PRENDS CONSCIENCE DE DEUX CHOSES :
1. JE N'AI PAS DE FORCE.
HUMPF
POC
2. LES AUTRES ONT DE LA FORCE.
VRAAM
JE SUIS LARGUÉE.
ET CE N'EST QUE LE DÉBUT.
ÇA FAIT QUARANTE MINUTES QUE L'ENTRAÎNEMENT A COMMENCÉ, ET ON PASSE AU *SPARRING* (COMBAT LIBRE MAIS SANS BLESSER L'ADVERSAIRE).
pas folle, je me mets d'abord contre mon mec
GNNN
GRUMPF
TOUT À COUP, J'AI UNE PRISE DE CONSCIENCE :
JE... JE SUIS CENSÉE LE FRAPPER ?
AU VISAGE ?!
TA GARDE !!!

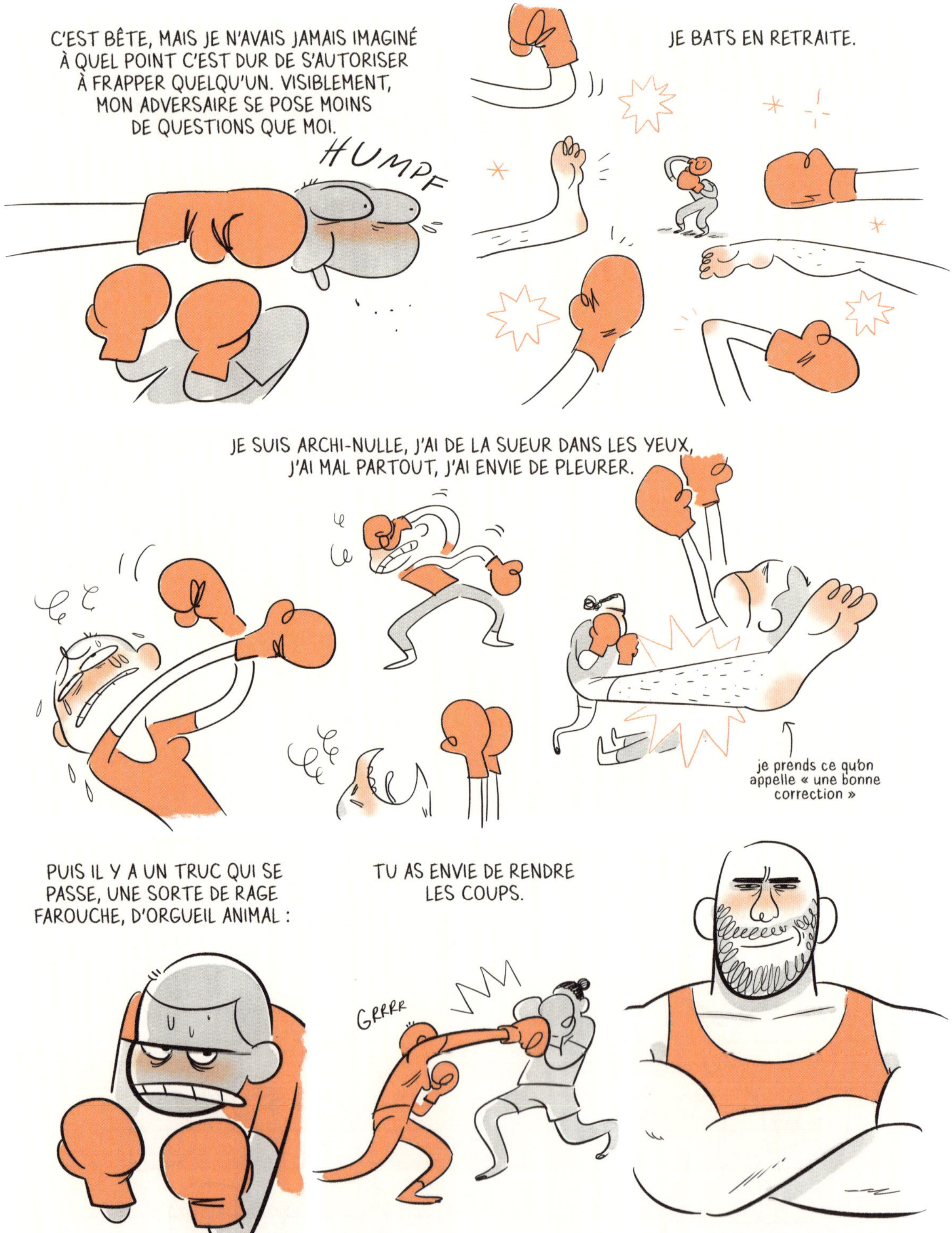
C'EST BÊTE, MAIS JE N'AVAIS JAMAIS IMAGINÉ À QUEL POINT C'EST DUR DE S'AUTORISER À FRAPPER QUELQU'UN. VISIBLEMENT, MON ADVERSAIRE SE POSE MOINS DE QUESTIONS QUE MOI.
HUMPF
JE BATS EN RETRAITE.
JE SUIS ARCHI-NULLE, J'AI DE LA SUEUR DANS LES YEUX, J'AI MAL PARTOUT, J'AI ENVIE DE PLEURER.
je prends ce qu'on appelle « une bonne correction »
PUIS IL Y A UN TRUC QUI SE PASSE, UNE SORTE DE RAGE FAROUCHE, D'ORGUEIL ANIMAL :
TU AS ENVIE DE RENDRE LES COUPS.
GRRRR

POUR SE DÉTENDRE LA NOUILLE AVANT DE REPARTIR,
ON SE TAPE ENCORE VINGT BONNES MINUTES D'ABDOS.

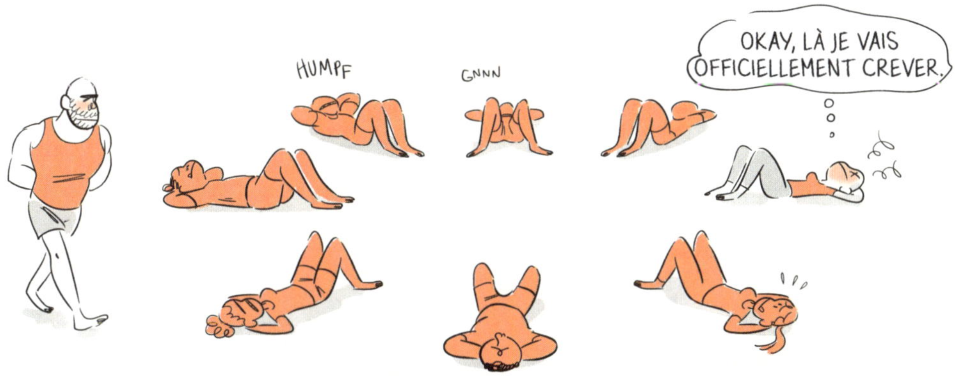

ET POUR FINIR, TOUT LE MONDE SE FAIT
UNE ACCOLADE DE SALUTATION.

AU NOM DE LA LOI

Loi anticasseurs. « Écoterroriste », « membre de l'ultragauche » ou « élément radical »... Peu importe le nom de cet ennemi : pour les tenants de l'ordre, chaque mobilisation sociale est l'occasion d'imaginer une loi pour l'éradiquer. Quitte à rogner des libertés ou à contredire la Constitution.

Q JEAN-CHRISTOPHE MAZURIE

À la vue de ces images, Bruno Retailleau, sénateur Les Républicains, défaille.

On ne le sait pas encore, mais ce n'est qu'un début.

L'automne qui suit va connaître une succession d'affrontements violents entre les gilets jaunes et les forces de police.

En 2017 déjà, des amendements avaient éte proposés pour interdire les manifestations pendant l'état d'urgence.

À la suite de l'acte 8 des gilets jaunes, Édouard Philippe, alors Premier ministre, repart à l'attaque en janvier 2019.

En proposant cette loi, Édouard Philippe fait un bond de cinquante ans en arrière.

Outre une inspiration très seventies, le projet de loi de 2019 puise dans les mesures de lutte antiterroriste.

Sans surprise, les partis de droite, qui ont encouragé le projet de loi, le soutiennent.

Les partis d'opposition y sont... opposés.

Tout comme les syndicats.

D'autres voix s'élèvent contre ce projet de loi.
On se croit revenu sous le régime de Vichy !
Charles de Courson, député UDI
On distingue le Français ordinaire du Français suspect qui a droit à des procédures particulières.
Jean-Marie Delarue, président de la Commission nationale consultative des droits de l'homme
Il y a un contexte général de détérioration des droits en France.
L'avocat, futur académicien, François Sureau
La majorité présidentielle est partagée.
Pour des « ni droite, ni gauche », ça fait très droite, non ?
Toutes les parties sont suspendues à la décision du Conseil constitutionnel qui doit se prononcer sur le texte.
Le préfet peut interdire de manifester en dehors de toute condamnation pénale et sans recours.
Cet article 3 me fait souci.
Carrément.
Les atteintes aux libertés publiques ne sont pas proportionnées.
Et pas assez encadrées.
Carrément.
Ce n'est pas le principe d'interdiction individuelle de manifester qui gêne, mais ses modalités.
Carrément.

Le 11 avril 2019 la loi anticasseurs entre en vigueur carrément amputée de son article 3.

La fouille des personnes et des véhicules est désormais autorisée.

Dissimuler volontairement son visage dans une manifestation est un délit.

L'État peut se retourner contre les personnes dont on a la preuve qu'elles ont participé aux faits dommageables.

La validation du texte en l'état par le Conseil constitutionnel fait débat.

Lauréline Fontaine, professeure de droit constitutionnel

Au fait, quid de la loi de 1970 ? Elle fut abrogée en novembre 1981.

Robert Badinter, alors garde des Sceaux

Un sort qui guette peut-être aussi la loi de 2019 d'ici quelques années.

ÉCRAN TOTAL

Trente-deux jours sans pluie. C'est le record battu, en France, entre fin janvier et fin février. Du jamais-vu depuis le début des enregistrements en 1959. Le 20 mars 2023, le Groupe d'experts intergouvernemental sur l'évolution du climat (Giec) publiait son sixième rapport. Le constat est catégorique : sans politique de grande ampleur, nous connaîtrons une hausse moyenne de 3,2 °C en 2100. Une catastrophe pour les populations et la biodiversité. Dès les années 1970 pourtant, un acteur majeur savait : Total. Des informations cruciales pour l'avenir… que le géant de l'industrie pétrolière s'est bien gardé de partager.

CÉCILE CAZENAVE **VALENTINE DE LUSSY**

LORS D'UN PROCÈS FACTICE, DES ONG JUGENT LE GÉANT DE L'ÉNERGIE. DEUX JOURS PLUS TARD, TOTALENERGIES TIENT SON ASSEMBLÉE GÉNÉRALE À L'OCCASION DE LAQUELLE ELLE EST CENSÉE ADOPTER SON PLAN CLIMAT. MAIS LES ASSOCIATIONS ÉCOLOGISTES ET DES ACTIONNAIRES MINORITAIRES CRITIQUENT SON MANQUE D'AMBITION.

* SOLLICITÉ, TOTALENERGIES AFFIRME QUE « LE RESPECT DE L'AUTRE EST UNE VALEUR CARDINALE AU CŒUR DE [SON] CODE DE CONDUITE » ET QU'« AGIR POUR LA BIODIVERSITÉ EST UN AXE MAJEUR ».

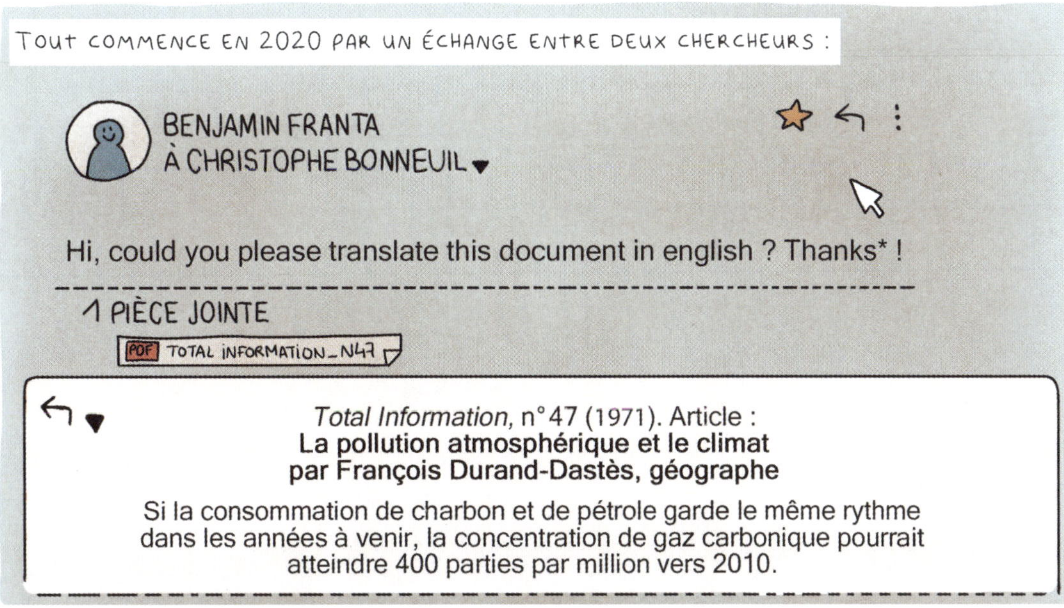

CES PRÉVISIONS S'AVÈRENT RÉALISTES PUISQUE LA CONCENTRATION DE CO_2 DANS L'ATMOSPHÈRE A FRANCHI, EN 2021, LE SEUIL DES 420 PARTIES PAR MILLION (PPM, L'UNITÉ UTILISÉE PAR LES SCIENTIFIQUES POUR MESURER LE TAUX DE POLLUTION DANS L'AIR).

* « SALUT, POURRAIS-TU TRADUIRE CE DOCUMENT EN ANGLAIS ? MERCI ! »

« TOTAL INFORMATION » N'EST PAS UNE REVUE CONFIDENTIELLE.
ELLE EST TIRÉE À 6000 EXEMPLAIRES, DISTRIBUÉE AUX CADRES DE L'ENTREPRISE, AUX PARTENAIRES COMMERCIAUX, DANS LES MINISTÈRES...
C'EST UNE BELLE REVUE.
AH ! LE FAMEUX N° 47 DE 1971.
ET LA PRÉFACE SIGNÉE DU PDG !
ON EST QUELQUES ANNÉES APRÈS L'ACCIDENT DE LA RAFFINERIE DE FEYZIN, DANS LE RHÔNE, QUI A CAUSÉ LA MORT DE DIX-HUIT PERSONNES EN 1966,
ET LA MARÉE NOIRE PROVOQUÉE PAR LE NAUFRAGE DU « TORREY CANYON » EN 1967, QUI A ATTEINT LES CÔTES BRETONNES.
ILS SAVENT QUE LA QUESTION ENVIRONNEMENTALE POUSSE.
CE DOSSIER, C'EST UNE FAÇON DE MONTRER QU'ILS S'EN PRÉOCCUPENT.
JE REGARDE AUSSI LA REVUE DU GROUPE ELF, AVEC LEQUEL TOTAL A FUSIONNÉ EN 1999.
L'ARTICLE DE 1971 EST ISOLÉ.
IL N'Y A PLUS RIEN SUR LE CHANGEMENT CLIMATIQUE AVANT LA FIN DES ANNÉES 1980.
ONT-ILS FAIT EXPRÈS DE L'OUBLIER ?
OU Y A-T-IL TOUT SIMPLEMENT D'AUTRES URGENCES, D'AUTRES QUESTIONS ?

BONJOUR, JE SUIS CHERCHEUR AU CNRS.
J'AIMERAIS CONSULTER VOS ARCHIVES...
OUI, CELLES DE TOTAL, CELLES D'ELF AUSSI.
QUARTIER D'AFFAIRES DE LA DÉFENSE (92), AU SIÈGE SOCIAL DE TOTAL, ÉTÉ 2020
EN TANT QU'HISTORIEN, J'AI LE DROIT DE CONSULTER TOUTES LES ARCHIVES QUI ONT PLUS DE VINGT ANS.
SALLE DES CONSULTAT
DONC, EN THÉORIE, JUSQU'AU DÉBUT DES ANNÉES 2000.
TOTAL
C'EST POUR QUOI TOUT ÇA ?
OH...
J'ÉTUDIE LA MANIÈRE DONT DEUX GRANDES ENTREPRISES PÉTROLIÈRES ONT RÉAGI À LA MONTÉE DES QUESTIONS ENVIRONNEMENTALES.

* PAR RAPPORT AUX TEMPÉRATURES DE L'ÈRE PRÉ-INDUSTRIELLE.

* LES TRAVAUX DE CHRISTOPHE BONNEUIL, PIERRE-LOUIS CHOQUET ET BENJAMIN FRANTA DONNERONT LIEU À LA PUBLICATION D'UNE ÉTUDE DANS « GLOBAL ENVIRONMENTAL CHANGE » EN NOVEMBRE 2021. ÉTUDE À LAQUELLE TOTALENERGIES RÉPOND : « LA CONNAISSANCE QU'AVAIENT ELF OU TOTAL N'ÉTAIT EN RIEN DIFFÉRENTE DES CONNAISSANCES SCIENTIFIQUES DE L'ÉPOQUE, IL EST DONC FAUX DE SOUTENIR QUE LE RISQUE CLIMATIQUE AURAIT ÉTÉ TU. »

1990. Le Groupe d'experts intergouvernemental sur l'évolution du climat de l'ONU,

bien connu de nos jours sous le nom de GIEC, produit son premier rapport.

Parallèlement, au prix d'un lobbying intense à Bruxelles, les compagnies pétrolières vont réussir à faire reculer plusieurs projets d'écotaxe avancés par la Commission européenne.

À SON TERME EST SIGNÉ LE FAMEUX PROTOCOLE DE KYOTO, QUI CONTIENT DES OBJECTIFS CONTRAIGNANTS DE RÉDUCTION DES ÉMISSIONS DE GAZ À EFFET DE SERRE POUR TRENTE-HUIT PAYS INDUSTRIALISÉS.

LE PDG D'ELF, PHILIPPE JAFFRÉ, DÉCLARE AINSI QUE SA COMPAGNIE FAIT CONFIANCE À LA COMMUNAUTÉ SCIENTIFIQUE, ADMET LE PHÉNOMÈNE DU RÉCHAUFFEMENT CLIMATIQUE, ET ANNONCE QUE SON ENTREPRISE VA RÉDUIRE DE 15 % SES ÉMISSIONS DE CO_2 D'ICI À 2010.
MAIS IL FAUDRA ATTENDRE PRESQUE DIX ANS DE PLUS POUR QUE L'ENTREPRISE TOTALFINAELF (REBAPTISÉE TOUT SIMPLEMENT TOTAL EN 2003) ORGANISE UNE CONFÉRENCE SUR LE CHANGEMENT CLIMATIQUE.
TOTAL
THIERRY DESMAREST PDG DE TOTAL
SEPTEMBRE 2006, DISCOURS INAUGURAL DEVANT 280 PERSONNALITÉS SCIENTIFIQUES
LE GIEC REMPLIT PARFAITEMENT SA MISSION FÉDÉRATRICE ET LE SÉRIEUX DE SES RAPPORTS N'EST PAS CONTESTÉ.

MALGRÉ CETTE AFFIRMATION, IL NE VA CESSER DE NUANCER SON PROPOS.

C'EST UNE STRATÉGIE CLASSIQUE DE RETARDEMENT DE L'ACTION À MENER, BIEN CONNUE DES LOBBYISTES DANS TOUS LES ARCANES DE DÉCISIONS.

1. SOURCE : L'INSTITUT DE RECHERCHE AMÉRICAIN CLIMATE ACCOUNTABILITY INSTITUTE.

* « Climate emergency: what the oil, coal and gas giants say », « The Guardian », 10 octobre 2019 (« Urgence climatique : ce que les géants du pétrole, du gaz et du charbon en disent »)

EN 2022, PLUS DE CINQUANTE ANS APRÈS LA PREMIÈRE ALERTE DANS SON MAGAZINE INTERNE, TOTALENERGIES (L'ENTREPRISE A ENCORE CHANGÉ DE NOM EN 2021) SE VANTE D'ÊTRE SUR LES RAILS POUR DEVENIR UN CHAMPION DE LA TRANSITION ÉNERGÉTIQUE.

L'ENTREPRISE A PROMIS D'INVESTIR 5 MILLIARDS D'EUROS EN 2023 DANS LE BUT DE FAIRE PARTIE DES CINQ PLUS GRANDS PRODUCTEURS D'ÉNERGIES RENOUVELABLES D'ICI À 2030.

MALHEUREUSEMENT, LE DÉTAIL DE SES INVESTISSEMENTS GLOBAUX, DÉCORTIQUÉ PAR LES ONG DE LUTTE CONTRE LE CHANGEMENT CLIMATIQUE, DONNE UNE AUTRE IMAGE.

D'APRÈS GREENPEACE, EN 2021, QUAND LE GROUPE TOTALENERGIES PRODUISAIT UNE UNITÉ D'ÉNERGIES RENOUVELABLES, IL PRODUISAIT EN PARALLÈLE 447 UNITÉS D'HYDROCARBURES.

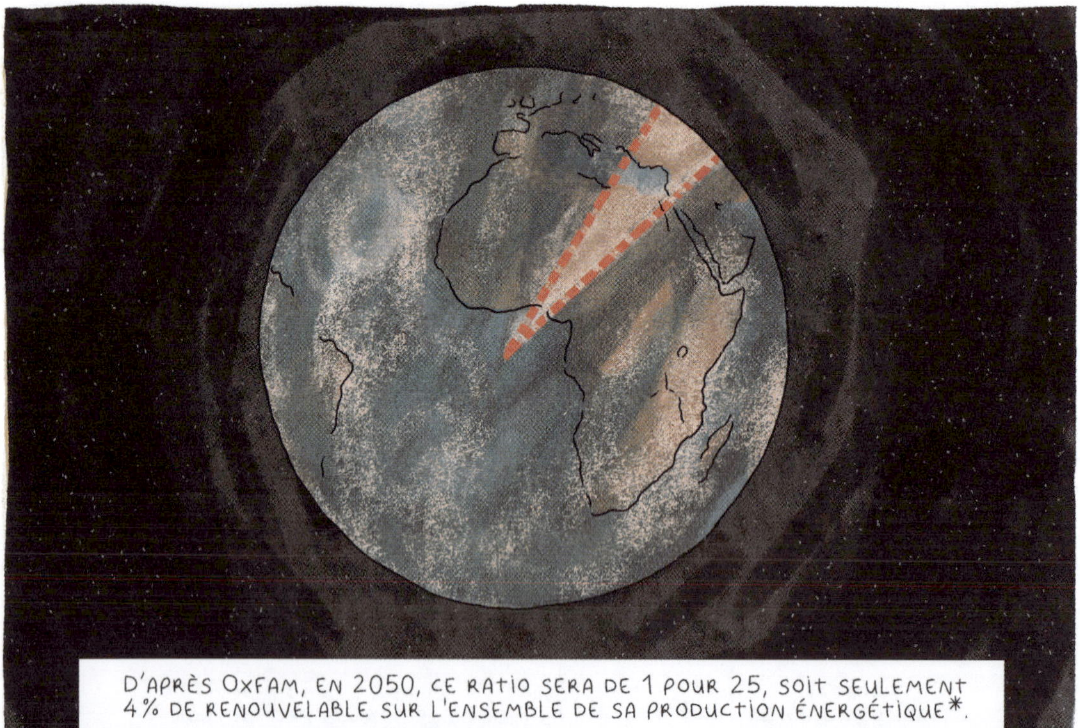

* DES CHIFFRES QUE TOTALENERGIES CONTESTE.

DE RETOUR AU PROCÈS SYMBOLIQUE DE TOTAL, LE 23 MAI 2022...
TOTAL

QUELQUES JOURS PLUS TARD, UNE ÉTUDE IDENTIFIE 425 « BOMBES CARBONE » SUR LA PLANÈTE, RÉPARTIES DANS 48 PAYS.

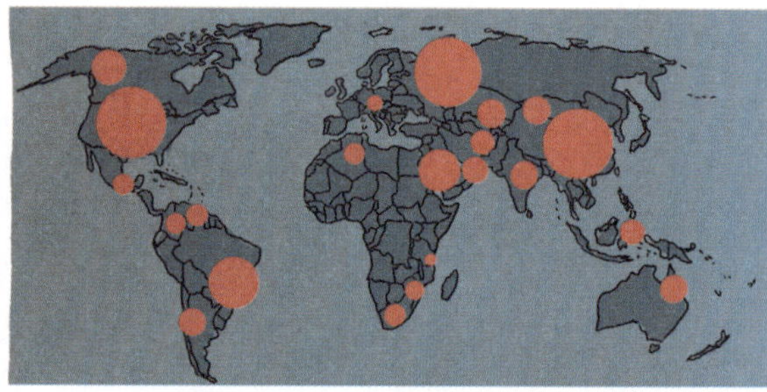

LES CHERCHEURS DÉSIGNENT AINSI LES PLUS GRANDS PROJETS D'EXTRACTION DE COMBUSTIBLES FOSSILES DU MONDE, SUSCEPTIBLES CHACUN D'ÉMETTRE PLUS DE 1 MILLIARD DE TONNES DE CO_2 SUR LEUR DURÉE D'EXPLOITATION COMPLÈTE.

TOTALENERGIES SERAIT IMPLIQUÉ, SELON L'ANALYSE DE L'ONG RECLAIM FINANCE, DANS 24 DE CES BOMBES CARBONE.

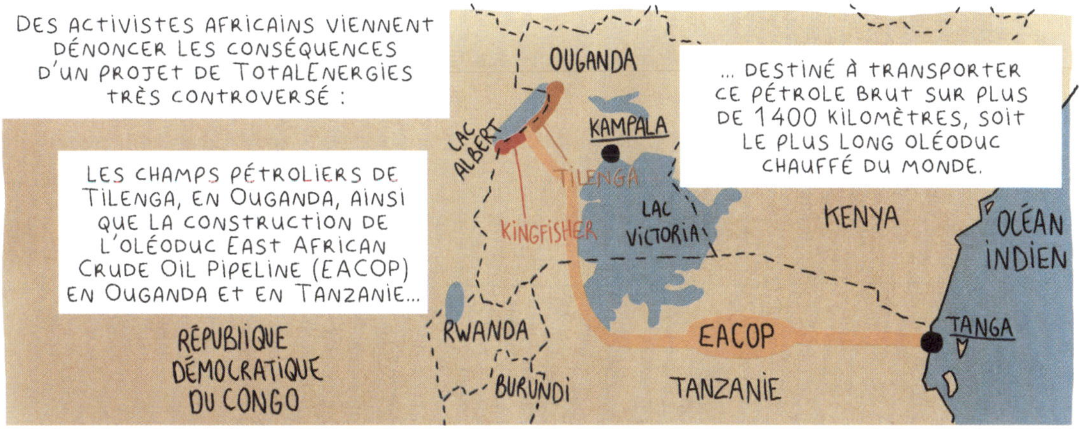

BARAKA LENGA, MILITANT TANZANIEN, A ÉTÉ ARRÊTÉ À DEUX REPRISES ALORS QU'IL MENAIT UNE GRÈVE POUR DÉNONCER L'IMPACT DE CES PROJETS ET QU'IL RENCONTRAIT DES PERSONNES DÉJÀ AFFECTÉES.

LES ONG INTERNATIONALES RÉUNIES AU SEIN DE LA COALITION #STOPEACOP ESTIMENT QUE CES INFRASTRUCTURES CONDUIRAIENT À L'ÉMISSION ANNUELLE DE 34 MILLIONS DE TONNES DE CO_2.

* TOTALENERGIES DÉNONCE UNE « CONFUSION ENTRE ÉMISSIONS DIRECTES ET ÉMISSIONS INDIRECTES » ET ASSURE SE CONFORMER AUX PRINCIPES DIRECTEURS DES NATIONS UNIES EN MATIÈRE DE DROITS HUMAINS.

L'OLÉODUC TRAVERSERAIT LE BASSIN DU PLUS GRAND LAC D'AFRIQUE, LE LAC VICTORIA, DONT PLUS DE 40 MILLIONS DE PERSONNES DÉPENDENT POUR L'EAU ET LA PRODUCTION ALIMENTAIRE. IL FRANCHIRAIT PLUS DE 200 RIVIÈRES ET PASSERAIT PAR DES MILLIERS DE FERMES.

SYMBOLIQUEMENT, LE PUBLIC DU TRIBUNAL CITOYEN EST INTERROGÉ ET JUGE TOTALENERGIES COUPABLE DES FAITS QUI LUI SONT REPROCHÉS.
ET DEUX JOURS PLUS TARD...

MERCREDI 25 MAI 2022, 8 HEURES
SALLE PLEYEL
STOP
PAS DE RETRAIT
PAS D'AG
LA SALLE QUI DOIT ACCUEILLIR L'ASSEMBLÉE GÉNÉRALE DE TOTALENERGIES RESTE ÉTRANGEMENT VIDE.

#BLOCAGETOTAL
#BLOCAGETOTAL
#BLOCAGETOTAL
#BLOCAGETOTAL
PAS DE RETRAIT, PAS D'AG !
RESPONSABLE TOTALEMENT !
TOTAL, ASSASSIN !
250 ACTIVISTES BLOQUENT L'ENTRÉE AUX ACTIONNAIRES...
... QUI, POUR CERTAINS, RÉPONDENT...
CONNASSE !
VOUS, DÉGAGEZ !

Vers 10h30, TotalEnergies décide d'annuler la tenue de son assemblée générale à la salle Pleyel et invite les actionnaires à la suivre en visioconférence.

À la mi-journée, le plan climat de l'entreprise est validé par les actionnaires à 88,89 %.

DEUX SEMAINES PLUS TARD, DEPUIS LE QATAR, PATRICK POUYANNÉ ANNONCE SA JOIE DE VOIR TOTALENERGIES S'ASSOCIER AU NORTH FIELD EAST.

DE CELLES QUI POURRAIENT RÉDUIRE À NÉANT LES EFFORTS POUR MAINTENIR LA PLANÈTE SOUS LES 1,5 °C DE RÉCHAUFFEMENT D'ICI À LA FIN DU SIÈCLE.

CREUSE TOUJOURS

En mai 2020, le groupe TotalEnergies annonçait *« son ambition d'atteindre la neutralité carbone à l'horizon 2050 »* et sa volonté *« d'investir dans les énergies renouvelables »*. Trois ans plus tard, le plan climat de l'une des multinationales les plus polluantes au monde ressemble surtout à un enfumage.

ROI DU MAZOUT

L'année 2022 a été la plus chaude jamais enregistrée en France. C'est aussi l'année où TotalEnergies a annoncé les plus gros bénéfices de son histoire : plus de 19 milliards d'euros. Un chiffre en hausse de 28 % par rapport à 2021.

ÉMISSIONS TOTALES

Les émissions mondiales de CO_2 proviennent à près de 90 % de la combustion des énergies fossiles, dont environ 40 % pour le charbon, 30 % pour le pétrole et 20 % pour le gaz naturel en 2019.

BLUES PÉTROLE

En 2021, l'Agence internationale de l'énergie (AIE) a appelé à cesser de valider de nouveaux gisements pétroliers ou gaziers et à investir de façon massive dans les énergies renouvelables.

DU VENT

Entre 2022 et 2025, TotalEnergies prévoit d'investir plus de 10 milliards de dollars par an dans les énergies fossiles, contre seulement 3,5 milliards de dollars dans les énergies renouvelables.

C'EST DE LA BOMBE

TotalEnergies est impliqué dans 24 projets dits « bombes climatiques ». Cumulés, ils pourraient émettre plus de 50 milliards de tonnes de gaz à effet de serre. Quatre de ces « bombes » — en Russie, au Brésil et au Mozambique — ont été lancées après 2021 et les recommandations de l'AIE.

TotalEnergies

PLEIN POT

Brésil, États-Unis, Qatar, Angola, Namibie, Suriname… Contrairement aux annonces de transition écologique, et loin devant les autres géants pétroliers et gaziers, *« TotalEnergies a acté, lancé ou étendu une vingtaine de nouveaux projets ayant trait à l'extraction d'énergies fossiles »*, rapporte Mediapart. *« Si l'intégralité du pétrole et du gaz des projets dans lesquels TotalEnergies a investi en 2022 est brûlée, cela représenterait au minimum 500 millions de tonnes de CO_2 larguées dans l'atmosphère, soit 1,25 fois plus que les émissions annuelles de gaz à effet de serre de la France. »*

PUISSANCE 4

En 2019, TotalEnergies disait avoir émis 455 millions de tonnes de CO_2. Étonnée par ce bilan inférieur à ceux de BP ou ExxonMobil, Greenpeace a mandaté le cabinet Factor-X pour recalculer les émissions. Résultat : 1,6 milliard de tonnes… soit quatre fois plus. En avril 2023, le géant a attaqué l'ONG pour *« diffusion d'informations fausses et trompeuses »*. *« Une procédure-bâillon »*, selon Greenpeace.

ÇA SENT LE GAZ

En 2021, à la suite d'une plainte des ONG Wild Legal, Sea Shepherd France et Darwin Climax Coalition, le parquet de Nanterre a ouvert une enquête pour « pratiques commerciales trompeuses » à l'endroit de TotalEnergies, qui pourrait être sanctionné pour « greenwashing ». Une première. En avril 2022, trois autres associations, dont Greenpeace, ont, elles, déposé plainte pour « écocide ». Fin 2022, le géant a été assigné par six ONG sur son projet de pipeline en Afrique de l'Est (EACOP), en vertu d'une loi imposant depuis 2017 un « devoir de vigilance » aux multinationales. Les juges ont estimé que cette procédure était irrecevable mais ne se sont pas prononcés sur le fond.

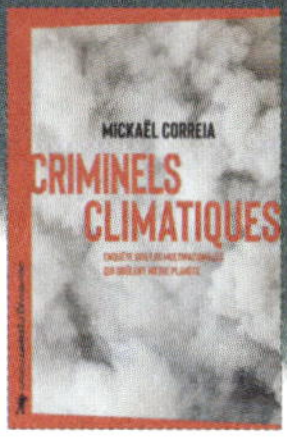

À LIRE

Criminels climatiques,
de Mickaël Correia. Le journaliste de Mediapart retrace les stratégies des trois premières multinationales des énergies fossiles, Aramco, Gazprom et China Energy, pour continuer à extraire et à vendre du carbone.
Éd. La Découverte (2022).

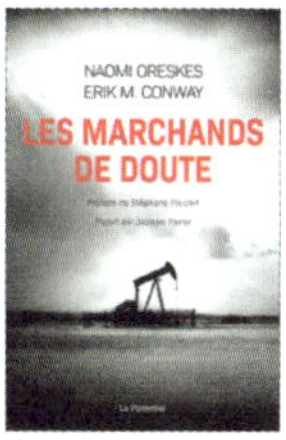

À LIRE

Les Marchands de doute,
de Naomie Oreskes et Erik M. Conway. L'ouvrage de ces deux historiens des sciences américains est devenu une référence sur les techniques de manipulation des lobbys du tabac et du pétrole pour semer le doute sur les faits scientifiques.
Éd. Le Pommier (2021).

TEXTES **CAMILLE DROUET CHADES**
DESSIN **MALIJO**

La sémantique c'est élastique

Baiser. De l'embarras du bisou rembarré à l'embrasement quand on s'embrasse, la langue française se plaît à compliquer notre intimité. « Baiser » d'accord, mais dans quel sens ?

JAMES

Je me permets d'interrompre ce petit moment intime, je vous prie de bien vouloir m'en excuser.
« Embrasser » signifie bien à l'origine « serrer dans ses bras ». Mais, aujourd'hui, son sens a évolué pour dire « donner un baiser ».
But, it is n'importe quoi !
Bon, on reprend ?
Yes, my love. Viens que je te baise.
Euh... devant tout le monde, là ? T'es sûr ?
Oui, alors, « baiser », le verbe, ne veut plus vraiment dire embrasser...
Initialement, le verbe « baiser » signifiait bien « donner un baiser ».
C'est-à-dire poser ses lèvres sur une partie du corps d'une personne. La bouche, la joue, le front, etc.
Maîtresse, embrasse-moi, baise-moi, serre-moi, Haleine contre haleine, échauffe-moi la vie.
Pierre de Ronsard – 1578
Viens çà, chère, que je te baise, Que je t'embrasse long et fort.
Paul Verlaine – 1891

Désormais « baiser » s'emploie comme synonyme de « copuler », avoir une relation sexuelle.
To have sex, dans votre langue.
Oh… okay.
Le sens sexuel de « baiser » est attesté dès le XIIe siècle.
Rassurez-vous, je ne baise que les mains.
Toujours célibataire, donc ?
Le glissement sémantique par métonymie s'est opéré au XVIIe siècle.
Depuis le milieu du XXe siècle, le sens « avoir des relations sexuelles » l'emporte sur le fait de donner un baiser.
Je ne baise pas le premier soir…
Euh… on se serre la main pour se dire au revoir, alors ?
Une métonymie est une figure de style qui consiste à remplacer un mot par un autre avec lequel il a un lien nécessaire.
Par exemple, « boire un verre » pour « boire le contenu d'un verre ».
Tu pourras boire ton verre quand tu auras mangé ton assiette !
« Être une bonne fourchette » quand on est bon mangeur.
Quand j'ai compris que je ne serais jamais une fine lame, j'ai décidé de changer d'arme.
« Perdre sa langue » pour « garder le silence ».
Mmh… Mmhpf.
À tous les coups, il a bu son verre, mais littéralement.
Dans le cas qui nous occupe, on se prend dans les bras pour faire un baiser. C'est ainsi que « embrasser » a remplacé « baiser ».

Vous, les français… I don't know if it is la langue qui vous rend compliqués or if it is vous qui rendez votre langue compliquée…
À noter que le Littré, un des plus fameux dictionnaires français, refuse toujours cette dérive du sens pour « embrasser » et la considère comme une vraie faute.
Merci.
Et tient à préciser, je cite : « On lit parfois dans les auteurs contemporains : "il lui embrasse la main"…
… C'est mal parler ; il faut dire : "il lui baise la main". "Embrasser" c'est non appliquer la bouche, mais serrer dans les bras. »
Ah, some logic, finally !
Logique peut-être, réac assurément… Bon, je peux avoir mon bisou ?
« Bisou » ? Il ne faudrait pas dire « baisou » ?
Alors, on peut dire plein de choses.
Un baiser, une bise, un bisou, …
… un bécot, une embras-sade, un smack…
La langue est assez riche pour nommer cet acte finalement.
Autant de mots, juste pour ça ?
Il n'y en a jamais trop pour parler d'amour, dit le poète.
Et, en parlant de langue, l'argot a également donné : galoche, baveux, patin, pelle, palot…
Bon, le registre poétique peut varier, hein…

Ah oui, the French kiss ! La langue française est so charming.
Indeed…
On peut aussi effectuer un baisement…
Je sens que ça ne va toujours pas correspondre à ce que je veux.
… qui est le fait d'apposer un baiser mais sans le sens sexuel. Comme dans le baisement de main.
Si c'est le clitoris que vous cherchez, ce n'est toujours pas là, hein…
Pour revenir à « bisou », c'est le diminutif mignon de « bise ». Ça se veut plus affectueux. Et plus problématique…
Sur un endroit chaste avec un enfant ou partout sur le corps avec son amoureux ou amoureuse, si consentement.
J'insiste sur toutes les nuances, hein.
La bise est un baiser sur la joue, la plupart du temps pour se saluer, du moins avant le Covid-19.
« Bise » ? C'est quoi, ça ?
Je ne sais pas… mais ils en parlent dans les vieux livres.
Le mot vient du verbe « biser », probablement emprunté à un dialecte de l'ouest de la France et qui vient, comme « baiser », du latin basiare.
D'ailleurs le verbe « se biser », pour « se faire la bise », s'emploie encore en Charente, ainsi que sa variante « se biger », dans le Poitou.
Ch'est quoi la différenche entre « biger » et « biger » ? Che vois pas…
Moi, je viens de Normandie, et on ne « bise » pas, on « se boujoute » pour se dire bonjour en s'embrassant.

Oui, il y a pas mal de variantes locales.
On se fait « un bec » en Suisse...
... « un schmoutz » en Alsace, « une baisse » en Picardie.
CHTI news
Encore un drame du Covid-19 dans notre belle région picarde...
En effet, on observe une terrible baisse de la baisse...
Et on se fait « une baise » en Belgique.
Eurk !
Rassurez-vous, une baise est une bise belge.
I am lost...
À ne pas confondre avec « la baise », terme vulgaire qui est le déverbal du verbe « baiser » dans son sens sexuel.
J'en ai marre de la baise...
C'est fini pour moi.
Euh... la belge ou l'autre ?
Et tant qu'on est dans le registre vulgaire, « se faire baiser » n'a rien de charnel ni d'amical.
C'est être passif dans la relation sexuelle, et ça veut dire, par extension, se faire avoir, voler, tromper, arnaquer, etc.
Tiens, on dit to be fucked aussi.
Et vous, monsieur je-sais-tout, vous dites comment quand vous voulez embrasser votre moitié, alors ?
Moi ? Je dis que je veux faire un kiss à mon crush.
Ah ! Là, je comprends at last !

La revue des cinés

Premier contact de Denis Villeneuve. Le cinéma a-t-il tout dit de son scénario préféré : l'arrivée d'extraterrestres sur Terre ? La sensibilité de ce film canadien montre qu'il est encore possible de le revisiter.

JEREMY PERRODEAU

LE FILM DÉBUTE SUR UN ESPACE CONFINÉ, OUVERT VERS L'EXTÉRIEUR.
UNE VOIX OFF. IL EST QUESTION DE MÉMOIRE, DE LA NATURE DU TEMPS.
PEU DE DOUTE SUR L'IMPORTANCE DE CES PREMIERS INSTANTS, MAIS JE N'AI PAS ENCORE LES CLÉS.
L'INTRIGUE SE MET EN PLACE LENTEMENT EN HORS-CHAMP.
JE DEVINE QUE PLUSIEURS VAISSEAUX (EXTRATERRESTRES ?) ONT ATTERRI SUR LA PLANÈTE TERRE.
JE N'AURAI PAS PLUS DE DÉTAILS.
LE PREMIER CONTACT AVEC EUX SERA D'ABORD SONORE.
QUI SONT-ILS ?
L'ENJEU DU FILM EST POSÉ. LOUISE, LINGUISTE, AURA POUR MISSION DE TRADUIRE CE LANGAGE VENU D'AILLEURS.
QUE VEULENT-ILS ?
JE PARTAGE LA MÊME PERPLEXITÉ QUE L'HÉROÏNE.

PORTÉ PAR L'INQUIÉTANTE MUSIQUE DE JÓHANN JÓHANNSSON, L'OBJET DE TOUS LES FANTASMES SE RÉVÈLE FINALEMENT À MES YEUX.
IL AURA FALLU ATTENDRE DIX-HUIT MINUTES POUR AVOIR CETTE PREMIÈRE VISION.
ET IL FAUDRA PATIENTER ENCORE UN PEU POUR EN VOIR PLUS.
LE PROTOCOLE SANITAIRE ET SÉCURITAIRE EST LOURD.
L'ISOLEMENT AVEC LE MONDE EXTÉRIEUR EST TOTAL.
NOUS SOMMES SUR TERRE, DANS L'ÉTAT DU MONTANA, ET POURTANT J'AI L'IMPRESSION D'ÊTRE SUR UNE AUTRE PLANÈTE.

L'ACCÈS À L'INTÉRIEUR DU VAISSEAU FINIT DE ME FAIRE QUITTER LA TERRE FERME.
LE TEMPS S'ÉTIRE.
L'ESPACE EST BOULEVERSÉ.
VOILÀ TRENTE MINUTES QUE JE SUIS EN HALEINE ET LA RENCONTRE VA AVOIR LIEU.
LA VITRE À L'INTÉRIEUR DE L'APPAREIL RÉSONNE ÉTRANGEMENT AVEC L'ÉCRAN DE LA SALLE OÙ JE ME TROUVE.
RETOUR ABRUPT À LA RÉALITÉ.
CETTE PREMIÈRE APPROCHE N'AURA DURÉ QU'UN INSTANT.
LE SON, À NOUVEAU, COMME OUTIL DE PROJECTION DE L'IMAGINAIRE.
MAIS J'AI VU.
ET CETTE IMAGE RESTE SUR MA RÉTINE COMME UNE OBSESSION.

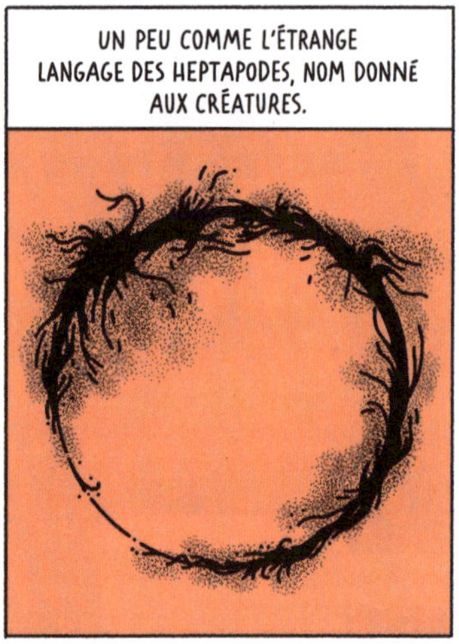
UN PEU COMME L'ÉTRANGE LANGAGE DES HEPTAPODES, NOM DONNÉ AUX CRÉATURES.

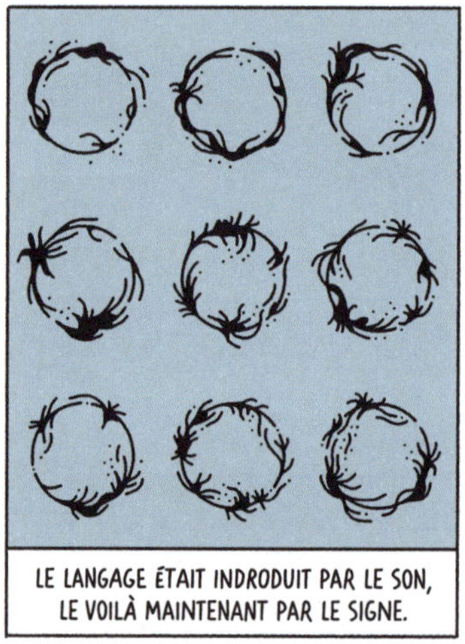
LE LANGAGE ÉTAIT INDRODUIT PAR LE SON, LE VOILÀ MAINTENANT PAR LE SIGNE.

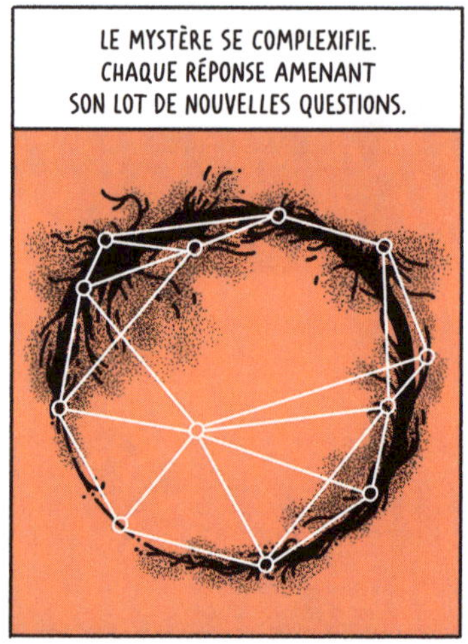
LE MYSTÈRE SE COMPLEXIFIE. CHAQUE RÉPONSE AMENANT SON LOT DE NOUVELLES QUESTIONS.

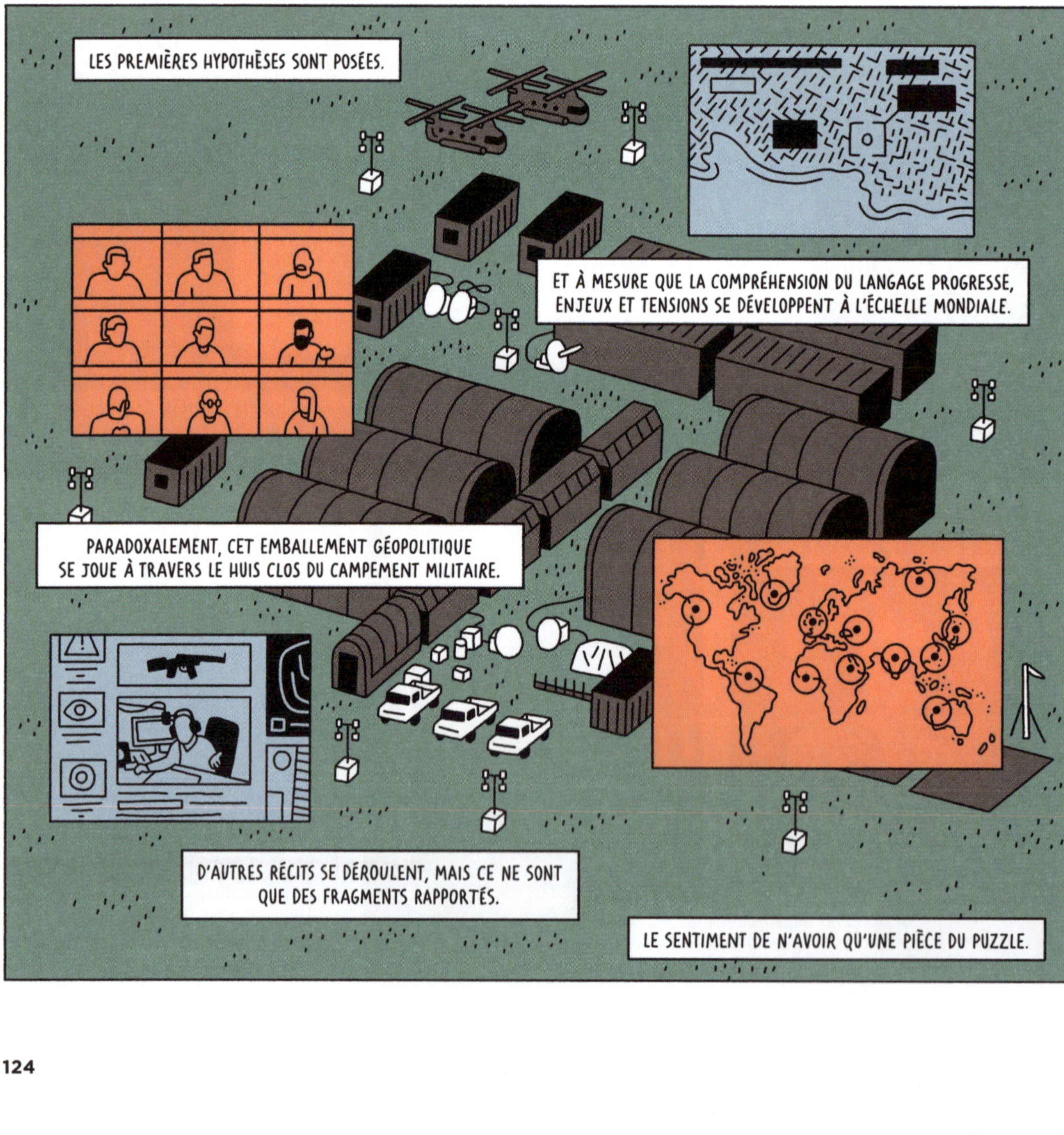
LES PREMIÈRES HYPOTHÈSES SONT POSÉES.
ET À MESURE QUE LA COMPRÉHENSION DU LANGAGE PROGRESSE, ENJEUX ET TENSIONS SE DÉVELOPPENT À L'ÉCHELLE MONDIALE.
PARADOXALEMENT, CET EMBALLEMENT GÉOPOLITIQUE SE JOUE À TRAVERS LE HUIS CLOS DU CAMPEMENT MILITAIRE.
D'AUTRES RÉCITS SE DÉROULENT, MAIS CE NE SONT QUE DES FRAGMENTS RAPPORTÉS.
LE SENTIMENT DE N'AVOIR QU'UNE PIÈCE DU PUZZLE.

À PARTIR D'ICI, LE RÉCIT PREND UNE DIMENSION PLUS INTIMISTE.
LOUISE EST ENVAHIE DE VISIONS, DES MOMENTS DE VIE, AVEC SA FILLE ET SON MARI.
DEUX TEMPORALITÉS SEMBLENT SE JOUER.
L'AVENIR DE L'HUMANITÉ CROISE LE QUOTIDIEN D'UNE SIMPLE FAMILLE DANS UN JEU D'ÉCHELLE VERTIGINEUX.
À QUOI CORRESPONDENT CES VISIONS? IMAGES DU PASSÉ? DU FUTUR?
RETOUR AUX INTERROGATIONS DU DÉBUT DU FILM.
LE MYSTÈRE SE DÉLIE ET LE PUZZLE SE REFERME.
LA DERNIÈRE PIÈCE ÉTAIT LA PREMIÈRE.
LE RÉALISATEUR N'AURA CESSÉ DE JOUER AVEC L'ESPACE ET LE TEMPS.
C'ÉTAIT IL Y A SIX ANS. CE FILM IMPRÈGNE TOUJOURS MA MÉMOIRE.
JE SUIS SORTI DE LA SALLE, MAIS IL TOURNE INLASSABLEMENT.

POLLUTION DES SOLS

NICKEL CHROME

En France, les crèches, écoles, collèges et lycées situés à proximité de sites industriels aux sols pollués se comptent par centaines. Plus de huit cents, si l'on en croit le ministère de l'Environnement. Lequel, une fois ce bilan dressé, a renvoyé la balle aux collectivités. Une passivité qui résume la lenteur de la prise au sérieux de la pollution des sols, héritage malheureux de notre industrie. À Montreuil, tout près de Paris, des riverains inquiets se démènent pour empêcher la transformation à la hâte d'une usine en immeubles. Sans eux, ses sols toxiques n'auraient même pas été analysés avant la démolition du site…

SARAH BOSQUET **LINE HACHEM**

* Devenu Est Ensemble Habitat en janvier 2023.

1. USINE SNEM : DÉMOLITION CONTRÔLÉE ? OU PAS ?, MONTREUIL INVISIBLE 2. COURRIER DE L'OPHM AUX PARENTS D'ÉLÈVES.

* Interdiction à laquelle Airbus et Safran ont obtenu une dérogation.

1. MONTREUIL : DES SALARIÉS DE L'USINE PRÉSUMÉE DANGEREUSE TÉMOIGNENT, *LE PARISIEN*, 9 JUILLET 2017.

Début 2017, l'apparition d'un nouveau cas de leucémie infantile dans le quartier (le troisième en quinze ans) est un déclic.
Un large collectif d'habitants, d'associations et de parents d'élèves se constitue, puis anime le site Internet L'Usine verte.
ÉCOLE NICKEL CHROME
PAS DE CHROME POUR NOS MÔMES
AIRBUS SOUS ACIDE MONTREUIL DÉFONCÉE
SAVENT
On est presque tous les matins devant l'usine. Parfois, on n'est pas loin de 80 personnes.
Nicolas Barrot, riverain
Révoltés, ils dénoncent le manque d'action des pouvoirs publics.
On veut que l'agence régionale de santé regarde toutes les pathologies qui peuvent être provoquées par les produits de l'usine.
Ça fait quinze ans qu'on demande des documents et une mise aux normes !
L'exploitant doit remettre un mémoire en dépollution et nettoyer les cuves.
Mais la responsabilité, c'est aussi celle des donneurs d'ordre, Safran et Airbus.
NOS CORPS
VIES
Véronique Marmeuse, parente d'élève
Antoine Peugeot, parent d'élève

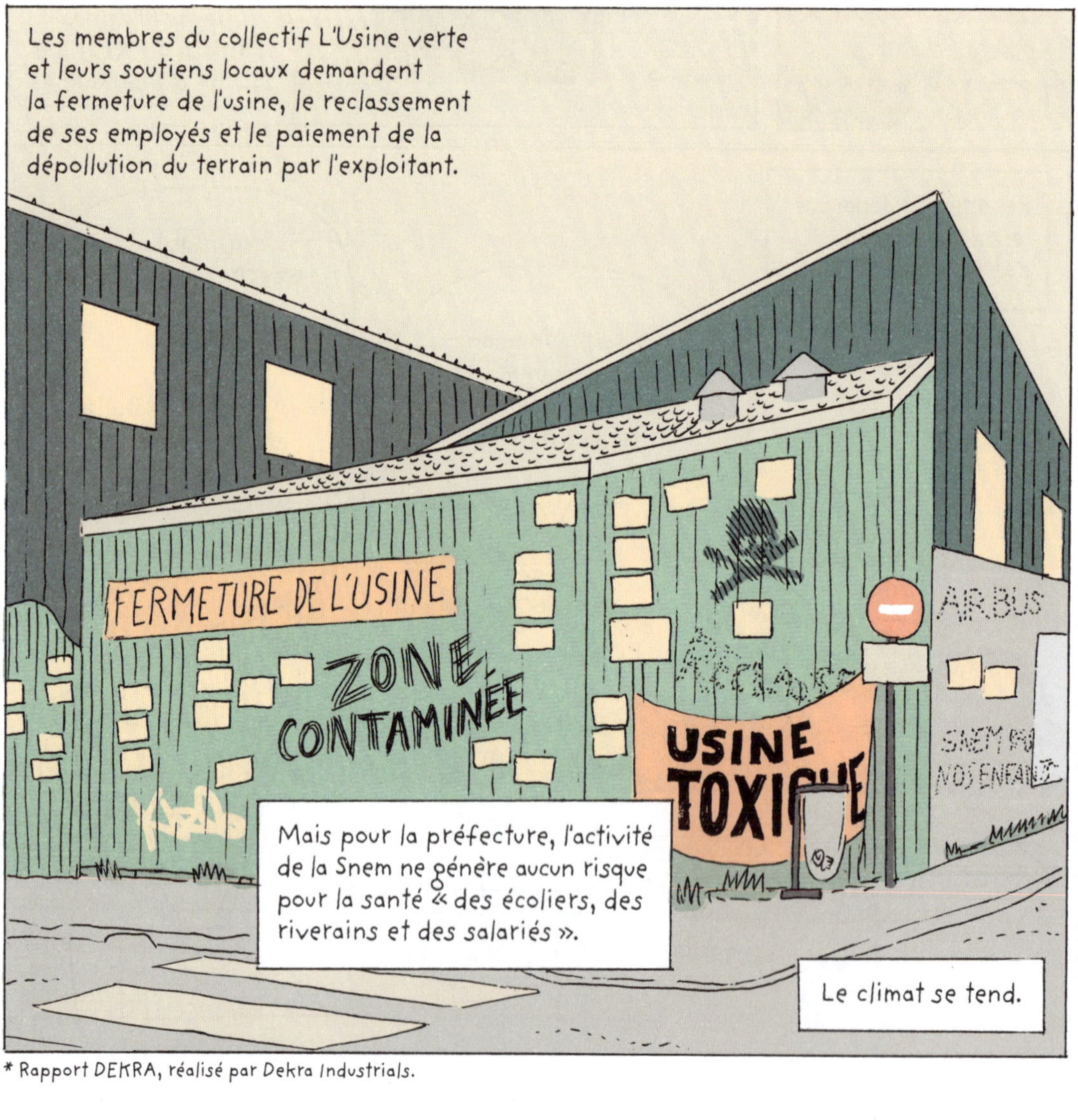

* Rapport DEKRA, réalisé par Dekra Industrials.

Lors d'une visite du maire dans le quartier, Nicolas Barrot l'interpelle.
La rentrée des classes approche : que comptez-vous faire pour protéger les élèves ? Il n'est plus question que l'école et l'usine soient ouvertes en même temps.
En septembre 2017, une manifestation devant l'usine est violemment réprimée.
JUSTICE
POLICE
POLICE
En juin 2018, l'entreprise est mise en liquidation. Les salariés sont licenciés et le patron disparaît dans la nature.
Un rapport d'inspection de la préfecture certifie la « mise en sécurité du site ».
USINE VERTE?
Comprendre: les produits les plus dangereux ont été évacués.

1. SYNTHÈSE DOCUMENTAIRE ET DIAGNOSTIC ENVIRONNEMENTAL DU MILIEU SOUTERRAIN, PAR LE CABINET BURGEAP.

Le soir du 28 juin 2022, une cinquantaine de Montreuillois sont rassemblés dans le réfectoire de l'école primaire.
Ce qui les a amenés là : une discrète invitation à une réunion d'information, publiée dans le journal municipal.
Le Montreuillois
Un plan de bataille est annoncé : en 2023, le site sera nettoyé et, en 2026, la vieille usine sera remplacée par des logements sociaux.
PROJET
SNEM
Un chantier de dépollution mené par l'OPHM, c'est inédit.
À l'automne, des investigations des sols vont être menées. Puis le traitement durera six à neuf mois.
Le projet de logements sociaux doit être un symbole de victoire contre la spéculation immobilière – et la gentrification du quartier.
Florent Guéguen, président de l'OPHM et élu de la majorité
La méthode du « venting », envisagée pour le traitement des sols, est éprouvée.
SOL POLLUÉ
POLLUANTS
Philippe Tresca, ingénieur du cabinet d'études Tesora
Je m'engage à une totale transparence.

Si la ville a préempté la parcelle, c'est pour avoir la main sur tout le processus. On vous communiquera le résultat des nouvelles analyses de sols à l'automne.
Sidonie Peyramaure, conseillère municipale déléguée à la lutte contre les pollutions
Mais très vite, un détail du calendrier glissé entre deux slides vient mettre le feu aux poudres : le « curage » du site, préalable à la démolition de l'usine, démarre le lendemain.
ÉTAPE
JUIN 2022
JUILLET 2022
27 28 29 30 1 2 3 4 5
CURAGE
Les riverains sont mis devant le fait accompli.
Pourquoi affirmer que remuer la terre sera sans danger, si vous n'avez pas encore fait les analyses ?
Comment pouvez-vous déjà chiffrer la dépollution, puisqu'on ne sait pas précisément ce qu'il y a dans les sols ?
Quelles mesures de protection sont prévues pour les riverains ?
C'est inacceptable que l'ancien propriétaire ne finance pas une partie de la dépollution !
Le collectif L'Usine verte souligne : « Un peu comme une double peine, des citoyens, impactés par la pollution depuis longtemps, doivent maintenant payer eux-mêmes pour dépolluer via leurs impôts. »
€

L'histoire de la Snem fait écho à d'autres luttes voisines. Près du site protégé des Murs à Pêches, un autre collectif de Montreuil est mobilisé depuis l'annonce du chantier de dépollution de l'ancienne peausserie puis usine textile EIF.
PAS À VENDRE
Les Murs à Pêches site d'avenir de la Métropole
DÉPOLLUER OUI TOUT CASSER NON!
Le quartier est plus populaire que celui de la Snem, et la pollution beaucoup plus importante : 25 tonnes de benzène et de solvants chlorés ont été trouvées dans les sols, et la nappe phréatique est contaminée.
Les habitants demandent que les mesures de protection sanitaire soient prises pendant les travaux.

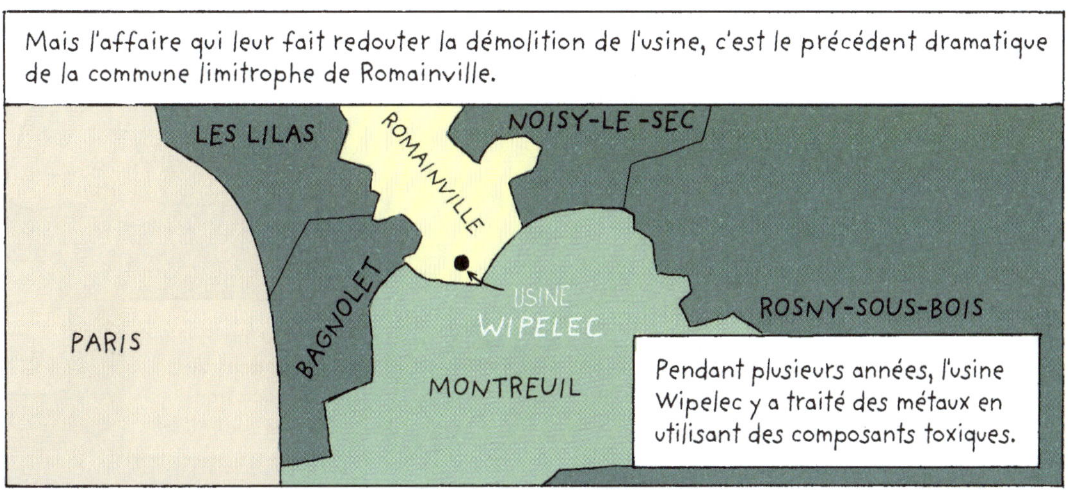
Mais l'affaire qui leur fait redouter la démolition de l'usine, c'est le précédent dramatique de la commune limitrophe de Romainville.
LES LILAS
ROMAINVILLE
NOISY-LE-SEC
BAGNOLET
USINE WIPELEC
ROSNY-SOUS-BOIS
PARIS
MONTREUIL
Pendant plusieurs années, l'usine Wipelec y a traité des métaux en utilisant des composants toxiques.

* L'agence régionale de santé.

En Île-de-France, les vestiges toxiques du passé industriel se comptent en milliers.
Entre 1999 et 2001, plusieurs cas de cancers pédiatriques sont détectés parmi les élèves d'une école maternelle de Vincennes (Val-de-Marne), construite à la place d'une usine Kodak.
A B
Des études ont révélé une pollution aux solvants chlorés de la nappe phréatique du site.
Une mobilisation de parents impose la fermeture de l'école. En novembre 2017, c'est au tour du collège voisin d'être évacué.
Souvent, le même scénario se répète : une pollution découverte dans un tissu urbain dense, …
… les chantiers menés sans concertation, des habitants qui réclament un suivi sanitaire. Et des collectivités qui manquent de connaissances techniques.
Depuis plusieurs années, des mairies ou des départements construisent sur des sols pollués – et dangereux parfois sans le savoir.
Face à ces manquements, des habitants se démènent pour accéder aux données publiques…

Vous avez mené de nouveaux carottages, serait-il possible de nous communiquer les résultats ?
Christine Bombal, voisine de la Snem, à Montreuil, en ligne avec le cabinet Soler, spécialisé dans la gestion des sols pollués, en 2018
Il est hors de question que vous touchiez à quoi que ce soit tant que les prélèvements des sols ne sont pas arrivés.
Sébastien Tirloir, réunion publique à Romainville, face au promoteur Gingko, en 2015
Dans le cas de la Snem, à l'automne 2017, après des mois d'attente, Nicolas Barrot et ses voisins finissent par recevoir de la mairie de Montreuil 2 600 pages de documents.
Ça va nous prendre toute la nuit.
Fin novembre 2022, alors que le site de l'usine EIF est visité par le promoteur et un cabinet d'études, des Montreuillois les attendent avec
un petit déjeuner gratuit...
... et plein de questions !

Au niveau national, c'est toute la gestion des sols pollués et des friches industrielles qui est défaillante.

Construites à partir d'inventaires hétérogènes, établies à des périodes distinctes et, pour certaines, peu révisées, les bases de données existantes ne permettent pas d'obtenir une cartographie précise des sites et sols pollués*.

Sur l'ensemble du territoire français, on compte environ 500 000 installations classées, dont 1300 «à haut risque»[1].

* D'après une commission d'enquête du Sénat en 2020.

1. INERIS, 2018.

* Autrice de « Sols pollués. Menaces sur les populations et la biodiversité », Éd. Dunod (2021).

Alors que l'enjeu est majeur, les pouvoirs publics souffrent d'un manque patent de moyens humains pour surveiller les sites pollués et les chantiers.

À Montreuil, sur le site de la Snem, des dizaines de riverains demandent l'application du principe de précaution.

Le calendrier est maintenu : le chantier de préparation ne sera pas interrompu et l'usine sera démolie à la fin de l'été 2022.

1. COURRIER À L'ATTENTION DES HABITANTS, 1ER AOÛT 2022.

Pendant une démolition, on sait que les poussières peuvent charrier des déchets. Sauf que chaque fois qu'on dit ça, on nous répond en nous parlant de l'amiante…
Un dialogue de sourds qui va durer tout l'été.
Aujourd'hui, on sait gérer l'amiante pendant une démolition. Pour les autres pollutions, on a peu de connaissances.
Eric van Hullebusch, professeur à l'Institut de physique du globe de Paris
Pour « rassurer », des analyses de l'air du chantier et des sols du quartier sont commandées.
COLOMBO
On n'est pas des enfants, on n'a pas besoin d'être « rassurés ». On veut connaître la vérité.
Alors que les résultats sont encore inconnus, le chantier se poursuit.

* Fédération des conseils de parents d'élèves.

Le 1er septembre, une opération un peu particulière est menée par des riverains.
Des gravats sont déposés dans les couloirs de l'hôtel de ville.
Sous la pression, l'entreprise Colombo (chargée de la démolition) finit par analyser des échantillons du bâtiment.
1
2
3
4
4
L'un d'eux présente des taux très élevés de chrome et d'hydrocarbures.
Durant l'été, plus de quatre tonnes de déchets dangereux et dix tonnes de béton ont été évacuées en filière « déchets dangereux ».

Pour faire redescendre la pression, l'OPHM accepte de mandater des experts extérieurs.

Institut écocitoyen

Créé à la suite d'une large mobilisation contre un incinérateur à Fos-sur-Mer (Bouches-du-Rhône)*, l'Institut écocitoyen émet des recommandations – que les parties prenantes ne sont pas obligées de suivre.

* Lire à ce sujet notre enquête page 48.

En décembre 2022, l'OPHM et la mairie reconnaissent avoir sous-estimé « le traumatisme collectif » — mais pas les risques liés au chantier, encore difficiles à évaluer aujourd'hui.
Le suivi de ce type de chantier et la concertation, c'était une nouveauté pour nos équipes.
Et on n'avait pas les moyens humains de mettre une personne sur site tous les deux jours.
Florent Guéguen, président de l'OPHM
Côté mairie, on admet aussi un défaut d'anticipation.
On ne doit plus annoncer ces chantiers du jour au lendemain, pour qu'ils ne soient pas subis.
D'autant que certains riverains ont une maîtrise du dossier plus poussée que nous-mêmes.
On a un devoir d'humilité, car la dépollution n'est pas une science exacte.
Sidonie Peyramaure, conseillère municipale en charge de la lutte contre les pollutions

* Mesure du taux de plomb dans le sang.

Selon Laura Verdier, face aux problèmes de pollution des sols, il est fréquent que la gestion des risques repose sur les individus.
Alors qu'il faudrait une politique plus globale.
Montreuil compte soixante-dix installations classées et sept sites potentiellement pollués. Mais dans la commune, comme à l'échelle nationale, les données manquent.
MONTREUIL
L'Institut écocitoyen plaide pour des campagnes de prévention et une cartographie plus précise des pollutions liées aux friches industrielles.
Cela permettrait déjà que les habitants puissent prendre des précautions au quotidien.

Grâce à des demandes réitérées, les riverains de la Snem ont pu exhumer, en novembre 2022, une étude des sols réalisée par un promoteur qui convoitait la parcelle de l'usine en 2019.
Cela montre que les mobilisations permettent d'obtenir plus d'informations.
Autre acquis : la réalisation en 2023 de prélèvements tout autour du site avant le traitement de la pollution.
On ne sait pas ce qu'on a vraiment gagné, mais on a l'impression d'avoir évité le pire. Ils ne pourront plus dire qu'ils ne savaient pas.
Nicolas Barrot, riverain
À force de s'organiser, on va créer des précédents : ce qu'on veut, c'est mettre l'État face à ses responsabilités et faire changer la loi.
Pour faire suite aux demandes des habitants, une campagne de prélèvements similaire, financée par la mairie, doit être menée autour de l'ancienne usine EIF.
Au-delà des enjeux locaux, les collectifs montreuillois et romainvillois veulent faire de l'accès aux données, de l'évaluation des risques et de la consultation des habitants des conditions sine qua non au lancement des réhabilitations.

* Agence de l'environnement et de la maîtrise de l'énergie.

1. MINISTÈRE DE LA TRANSITION ÉCOLOGIQUE, 3e ÉDITION DU FONDS FRICHES.

un sombre tableau

Partout en France, des dossiers de pollution des sols ne cessent d'émerger, aussi divers que l'héritage industriel des différents territoires. L'ampleur du problème et les conditions de sa résolution restent encore à définir.

Des métaux lourds dans les calanques

À Marseille, l'Institut écocitoyen a été mandaté pour intervenir sur le site de Legré-Mante, dans les calanques. En 2020, une réhabilitation de cette usine, qui a laissé une importante pollution au plomb et à l'arsenic, a été annoncée par le promoteur Ginkgo. Malgré une plainte contre X déposée par des riverains, la mairie a accordé le permis de construire en janvier 2023.

Toulouse, ville morose

Lors d'un dépistage recommandé par l'Agence régionale de santé en 2022, dans le cadre du démantèlement de la STCM, une usine de recyclage de batteries, une Toulousaine a découvert que son taux sanguin de plomb était trop élevé. Alors enceinte, elle a dû multiplier les démarches pour comprendre comment elle avait été contaminée. Comme elle, 12000 personnes sont concernées par cette campagne de surveillance sanitaire.

Arsenic et vallée de l'Orbiel

En 2018, des habitants de la vallée de l'Orbiel, dans l'Aude, ont été exposés à une colossale pollution à l'arsenic, liée à un défaut d'étanchéité du stockage de déchets de l'ancienne mine d'or de Salsigne. La mobilisation d'élus et d'associations a permis, à l'été 2019, la réalisation d'analyses et un suivi sanitaire des habitants. L'État a déjà déboursé des dizaines de millions d'euros pour sécuriser les sites concernés.

inventaire à la prévert

En 2010, un recensement des écoles et des crèches proches de sites pollués est lancé par le ministère de l'Environnement et le Bureau de recherches géologiques et minières (BRGM). Abandonné en cours de route par le ministère, il avait déterminé que près de 10 % des 1 359 établissements visités étaient pollués au point de nécessiter des travaux.

mémoire partielle sur nos parcelles

Le portail Géorisques, mis en place par le gouvernement, permet de savoir si les sols de son quartier sont pollués. Mais les informations manquent sur les types de polluants, les risques sanitaires, les mesures de précaution à prendre… Sans compter que ces recensements comportent des angles morts. Un problème de traçabilité dû à l'éclatement des données, à la perte de mémoire collective et aux flux de pollutions.

une affaire privée

Depuis juin 2022, le contrôle de la mise en sécurité et la remise en état des installations classées sont assurés par des bureaux d'études privés certifiés. Ils délivrent les attestations prouvant que les travaux ont bien été réalisés par leurs clients. Le risque : des possibles conflits d'intérêts et des contrôles a minima.

Textes **Sarah Bosquet** · Dessins **Jean-Paul Krassinsky**

making-of

« Le suivi de cette histoire, rythmée par des épisodes de confrontation et les résultats des diverses études scientifiques, a parfois été complexe. Début 2023, le dialogue a repris entre les Montreuillois et les pouvoirs publics. Une surveillance du chantier a été promise, ainsi que la prolongation de la mission de l'Institut écocitoyen. Quant aux dernières études des sols, elles ont mis au jour de nouvelles zones de pollution… » Sarah Bosquet

À écouter

Dépollution des sols : quand la faiblesse des contrôles pose un problème de santé publique, d'Anne-Laure Barral. Est-ce vraiment une bonne idée que d'encourager à construire sur d'anciennes friches industrielles ?
France Inter, 35 min (2022).

À voir

Le Passé industriel des calanques de Marseille, une pollution invisible, de Clothilde Chamussy. Comment les anciennes usines métallurgiques marseillaises ont durablement pollué les sols du littoral.
Passé sauvage sur YouTube, 17 min (2022).

Inconsciences

La pensée positive. *« N'attendez pas le moment parfait, faites en sorte qu'il le soit. » « Vivez content, vous vivrez en roi. »* Répétées comme des mantras, ces phrases sont devenues des classiques du développement personnel. Mais derrière le bon sens apparent, leur histoire est moins candide qu'il n'y paraît.

CÉCILY DE VILLEPOIX

Très vite, « La Puissance de la pensée positive » est un succès. Il s'en vendra 15 millions d'exemplaires dans le monde.
L'emballement est tel que l'ouvrage reste 186 semaines sur la liste des best-sellers du « New York Times ».
Je m'ennuie maman, on y va ?
Dans une minute, Donald !
Qui est cet auteur jusqu'alors inconnu du grand public ?
Un proche de nombreuses personnalités politiques... Toutes ancrées à droite.
R. Reagan
Famille Trump
R. Nixon

Norman Peale
voit le jour
le 31 mai 1898
à Bowersville
dans l'Ohio,
aux États-Unis.

Il est le fils aîné d'Anna Delaney
et de Charles Peale, un médecin devenu
pasteur méthodiste.

Fondée par John Wesley,
l'Église méthodiste est
un courant de l'Église anglicane,
elle-même à mi-chemin entre
protestantisme et catholicisme.
Ses membres sont
libres d'accepter
«la grâce de Dieu» et
se voient promettre
le bonheur absolu
sur terre.
John Wesley
1703-1791

Né dans une famille
plutôt modeste, Norman Peale
enchaîne les petits boulots.

Il obtient un diplôme à l'Université Wesleyenne de l'Ohio puis fréquente la faculté de théologie de l'Université de Boston.
En 1932, il quitte l'Église méthodiste pour la chaire de l'église collégiale Marble à New York.
Il y reste cinquante-deux ans, faisant passer le nombre d'adeptes de 600 à 5 000.
Depuis le 20 juin 1930, il est marié à Loretta Ruth Stafford. Elle aura une forte influence sur sa vie professionnelle. Ils auront trois enfants.
Explorons ensemble le fabuleux pouvoir qui vit en chacun de nous !
Le pasteur est l'un des premiers à utiliser la radio pour communiquer ses idées.
En 1935, sur les ondes new-yorkaises, il lance l'émission « The Art of Living » (« L'Art de vivre »).
Un vrai succès qui durera cinquante-quatre ans !

En 1939, il s'investit, aux côtés d'autres personnalités, dans le lancement de « 40Plus ».

L'association, créée par Henry Simler, aide les cadres à trouver du travail ou à en changer.

Psychiatre et psychanalyste, Blanton partage l'idée de Peale selon laquelle chaque individu a en lui-même la force de dépasser l'adversité.

Ensemble, les deux hommes écrivent un livre, et créent l'American foundation of religion and psychiatry.

La « pensée positive » de Peale est apparentée à la méthode Coué.
Émile Coué de la Châtaigneraie, pharmacien (1857-1926)
Selon Coué, l'imagination (c'est ainsi qu'il appelle l'inconscient) détermine les actes et peut être modelée par des exercices d'autosuggestion, comme répéter des affirmations positives.
Tous les jours, à tous points de vue, je vais de mieux en mieux !
Avec une solide confiance en vous, vous pouvez tout réussir.
Les poches vides n'ont jamais retenu personne, seuls les têtes vides et les cœurs vides le peuvent !
Ce que vous êtes détermine le monde dans lequel vous vivez.
Le pasteur Peale distille à l'envi des petites phrases positives dans ses livres, …
… à la radio ou encore dans ses sermons.
Il ne tarde pas à s'attirer des détracteurs.
Les livres de Peale influencent, trompent et souvent désillusionnent les personnes en souffrance. Ils offrent un bonheur bon marché.
1957, Edmund Fuller, éditeur chrétien américain
L'Église catholique accuse Peale de s'inscrire dans la théologie de la prospérité, qui encourage les fidèles à gagner beaucoup d'argent.
Le risque de placer l'homme et son bien-être au centre de tout est celui de transformer Dieu en un pouvoir à notre service, l'Église en un supermarché et la religion en un phénomène utilitariste.
2018, Antonio Spadaro, prêtre catholique, théologien

* Rhonda Byrnes reprend ici l'expression utilisée par la théosophe et ésotériste russe Helena Blavatsky à propos de « mystères » antiques.

La pensée positive a donc largement dépassé le cadre religieux pour se glisser dans des méthodes dites de « développement personnel ».

Les rayons Bien-Être et New Age des librairies croulent sous les publications.

*Son podcast, Méta de choc, propose des témoignages et des analyses dont certains éléments sont repris dans cette chronique.

Professeure de psychologie à l'université, à New York et à Hambourg, la psychologue Gabriele Oettingen a mené des études dont les conclusions sont sans appel.
À la suite de nombreux travaux ces vingt dernières années, nous avons pu observer que la pensée positive entrave la performance.
Aaah... j'ai bien bossé moi.
Selon elle, les fantasmes positifs trompent notre cerveau en lui laissant croire que nous avons atteint nos objectifs. Les psychologues appellent cela «l'accomplissement mental».
Si la pensée positive peut être considérée à court terme comme une «béquille», elle serait, à long terme, un frein à nos accomplissements en nous coupant de la réalité.
Au fil du temps, en prenant conscience que l'avenir fantasmé n'a pas eu lieu, ses adeptes seraient plus susceptibles de sombrer dans la dépression.
On peut rapprocher la pensée positive de la pensée magique. Celle-ci offre une illusion de contrôle, de pouvoir sur eux-mêmes et sur leur environnement à celles et ceux qui la pratiquent. On peut également parler de syndrome de Peter Pan, personnage qui refuse de grandir et de faire face aux complexités d'une vie d'adulte.

La méthode est pourtant tentante pour celles et ceux qui traversent des moments difficiles et portent de l'intérêt aux techniques de bien-être.

Mais est-ce que croire que l'on va bien fait réellement aller bien ?

RETOUR SUR

Pédocriminalité. À l'automne 2021, un rapport accablant secouait l'Église catholique française, reconnaissant le caractère systémique des violences sexuelles sur mineurs en son sein. Deux ans après cet aveu sans précédent, l'institution a-t-elle su pour autant se réinventer ?

MATHIEU PÉRISSE   MANON MUGNIER

Ce week-end-là, des catholiques manifestent un peu partout en France.

Le prélat, devenu évêque de Créteil, a été discrètement démis de ses fonctions par le Vatican début 2021. À l'époque, il avait évoqué des « problèmes de santé ».

Un manque de transparence devenu insupportable aux yeux d'une partie des fidèles.

* Révélée par les magazines *Golias* et *Famille chrétienne*.

* L'enquête a été classée en février 2023 pour cause de prescription.

Quinze jours plus tard, c'est au tour de l'ancien archevêque de Strasbourg de passer aux aveux.
Mgr Jean-Pierre Grallet reconnaît dans un communiqué :
« À la fin des années 1980, alors que j'étais religieux franciscain, j'ai eu des gestes déplacés envers une jeune femme majeure, comportement que je regrette profondément. »
Une enquête pénale avait été ouverte en janvier 2022.
La crise que traverse l'Église catholique française est déjà ancienne.
... l'abbé Morel devant les assises de l'Aveyron aujourd'hui...
Elle a commencé au début des années 2000 avec les premières médiatisations de scandales pédocriminels.
... Il est jugé pour viol sur trois de ses anciens élèves mineurs...
Puis elle a explosé en 2016 dans le sillage de l'affaire Preynat, un aumônier scout ayant agressé sexuellement plusieurs dizaines d'enfants près de Lyon.
Maman ?
Oui, mon cœur ?
C'est toi qui m'amènes au caté cet après-midi ?
...

Après plusieurs années de travail,
cette instance, mise sur pied et financée par l'Église, livre
un compte-rendu très complet et accablant sur l'ampleur
et les causes des violences sexuelles dans l'institution.

Selon ses estimations,

330 000 mineurs

pourraient avoir été agressés depuis 1950
par environ 3 000 clercs, religieux ou laïcs
en mission dans l'Église.

Un crime de masse,

déplorera Jean-Marc Sauvé,
le président de la commission.

À la suite de ce rapport, l'Église de France a reconnu pour la première fois une *« responsabilité institutionnelle »*.

Éric de Moulins-Beaufort, président de la Conférence des évêques de France

La question des indemnités financières est la plus discutée.

François Devaux, figure de l'association La Parole libérée, devant les responsables de l'Église

L'Église était au départ très réticente à aborder le sujet, effrayée par l'exemple de diocèses états-uniens placés en faillite pour pouvoir indemniser des victimes d'agressions.
GET OUT
L'idée d'un forfait unique a d'abord été souhaitée par l'institution.
Mgr Éric de Moulins-Beaufort
Ce n'est ni une indemnisation qui dépend de la justice de notre pays ni une réparation.
Elle a vite été abandonnée face à la colère des victimes, qui réclamaient que chaque cas soit évalué séparément.
Deux instances ont finalement été mises en place en 2022 :
l'inirr
instance nationale indépendante de reconnaissance et de réparation
pour les diocèses ;
et la Commission
RECONNAISSANCE et RÉPARATION
pour les congrégations religieuses.
Ces organismes sont chargés d'estimer, au cas par cas, le coût des vies brisées par les agressions.

Un barème a été mis en place pour prendre en compte plusieurs facteurs :

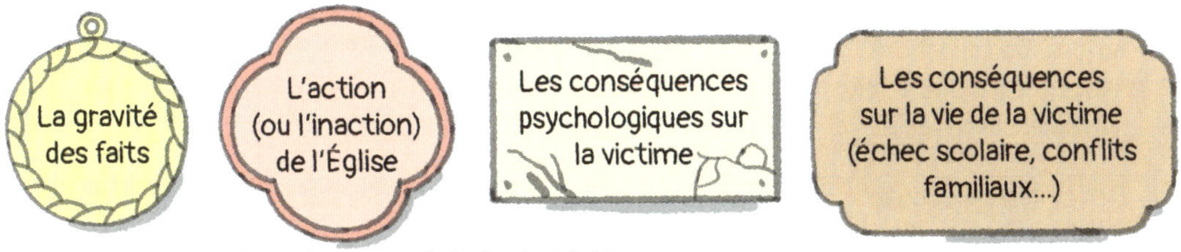

Chaque critère est évalué sur une échelle de 1 à 10 :

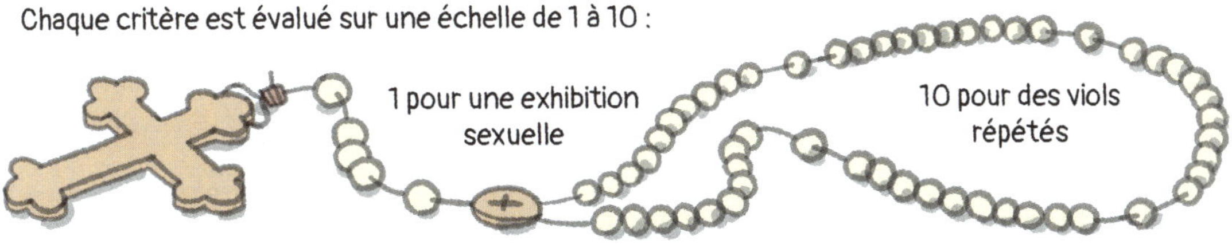

Plusieurs d'entre elles regrettent la lenteur du processus, le manque de transparence dans le système d'évaluation ou la faiblesse des montants retenus.

Nanou Couturier, présidente de Tous ensemble - Association des abusés sexuels de l'Église

* *Le Progrès*, mai 2022.

Au-delà des questions financières, l'Église a fait quelques avancées.
Des cellules d'écoute ont été mises en place dans tous les diocèses.
Mais quand tu as été agressé par un prêtre, aller voir une cellule créée par le diocèse, ça ne t'inspire pas tellement confiance.
Pierre M., victime à Orléans
Les demandes d'extrait de casier judiciaire pour les personnes travaillant auprès de mineurs se généralisent dans les paroisses.
Des protocoles ont été signés entre les parquets de grandes villes et des évêchés. Plusieurs enquêtes judiciaires ont été ouvertes après un signalement de l'Église.
Madame la juge...
... mon Église a péché...
Dans une Église adepte de l'omerta et de la mutation discrète des prêtres « à problème », l'évolution est notable.
Un tribunal canonique national a aussi été fondé, fin 2022, pour éviter que les dossiers soient enterrés discrètement au niveau local. Mais il doit encore faire ses preuves.

Reste le tabou de la sexualité dans l'Église catholique.
Canon 277 du code de droit : Les clercs sont tenus par l'obligation de garder la continence parfaite...
L'instruction des prêtres a été modifiée. La plupart des séminaires ont intégré des cours de psychologie, avec des sessions sur « la vie affective », et des formations sur « les lois civiles et canoniques concernant les infractions de nature sexuelle sur les mineurs ».
... et perpétuelle à cause du Royaume des Cieux, et sont donc astreints au célibat.
Le célibat des prêtres n'est pas la cause directe des violences sexuelles.
Mais il contribue à « l'euphémisation, voire l'oblitération, des questions d'identité et de vie sexuelles », comme le note la Ciase dans son rapport.
Que celui qui va être prêtre s'avance...
En clair : l'Église doit reconnaître que le célibat n'empêche pas d'avoir une identité sexuelle.
Me voici.
Et surtout, qu'il n'est pas un rempart contre les pulsions pédocriminelles.

La plupart des pratiquants semblent prêts à mettre le sujet de la sexualité dans le débat. Un sondage du magazine *Témoignage chrétien* montrait que plus de 80% des catholiques interrogés étaient favorables à l'ordination d'hommes mariés.

* *Marianne*, tribune du 8 octobre 2021.

Dans les témoignages recueillis par la Ciase, l'image du prêtre charismatique, dont l'autorité réduit les victimes au silence, revient sans cesse.

En France, un collectif baptisé Commission d'étude sur la place des femmes dans l'Église catholique, composé d'organisations féministes chrétiennes, veut aller beaucoup plus loin.

En 2020, la théologienne laïque Anne Soupa a même candidaté pour succéder à Philippe Barbarin comme archevêque de Lyon. Un geste purement symbolique.

* *France Inter*, juillet 2020. ** *20 Minutes*, décembre 2022.

ABONNEZ-VOUS DÈS MAINTENANT
L'INFORMATION EN BANDE DESSINÉE

1 • JE CHOISIS UNE OFFRE D'ABONNEMENT À LA REVUE DESSINÉE :

17 € PAR NUMÉRO

Durée libre

Abonnement sans engagement
(frais de port compris)

PRIX PAR NUMÉRO :

- **17 €** France + DromCom ☐
- **22 €** Europe ☐
- **27 €** Monde ☐

• Premier prélèvement dès réception du bulletin
• Arrêtez quand vous le souhaitez en écrivant à : abo@larevuedessinee.fr

Règlement par prélèvement
Bulletin dûment rempli à renvoyer à :
LA REVUE DESSINÉE TBS
SERVICE ABONNEMENT
6 RUE D'OUESSANT CS 38272
35768 SAINT-GRÉGOIRE CEDEX

JE RENSEIGNE MON MANDAT SEPA POUR L'OFFRE Durée libre :

NOM/PRÉNOM ______

IBAN ______

BIC ______

DATE ______

FAIT À ______

SIGNATURE :

Organisme créancier : FANDS, 157 boulevard MacDonald, 75019 Paris - ICS : FR60ZZZ868AAC
Les informations de ce mandat complété ne seront utilisées par le créancier que pour la gestion de sa relation client. En signant ce mandat, vous autorisez FANDS à envoyer des instructions à votre banque pour débiter votre compte conformément aux instructions. En application de l'article L27 de la loi informatique et libertés du 6 janvier 1978, les informations demandées sont nécessaires au traitement de votre abonnement. Vous disposez d'un droit d'accès et de rectification aux données vous concernant. Sauf opposition formulée par écrit, ces données sont suceptibles d'être communiquées à des organismes tiers.
☐ **Si vous ne souhaitez pas que ces données soient utilisées, cochez la case ci-contre.**

19 € PAR NUMÉRO

Un an

Quatre numéros
(frais de port compris)

- **76 €** France + DromCom ☐
- **96 €** Europe ☐
- **116 €** Monde ☐

Deux ans

Huit numéros
(frais de port compris)

- **152 €** France + DromCom ☐
- **192 €** Europe ☐
- **232 €** Monde ☐

Règlement par chèque à l'ordre de « FANDS » accompagné de ce bulletin dûment rempli à :
LA REVUE DESSINÉE TBS
SERVICE ABONNEMENT
6 RUE D'OUESSANT CS 38272
35768 SAINT-GRÉGOIRE CEDEX

2 • J'INDIQUE MES COORDONNÉES :

PRÉNOM ______

NOM ______

ADRESSE ______

______

CODE POSTAL ______ VILLE ______

PAYS ______ TÉLÉPHONE ______

E-MAIL* ______

*Important pour accéder à votre compte en ligne sur le site larevuedessinee.fr

JETÉ LRD40 - DESSIN : CÉCILE GUILLARD

VOUS POUVEZ AUSSI VOUS ABONNER EN LIGNE PAR CARTE BANCAIRE
grâce au QR code ci-contre ou sur **larevuedessinee.fr**
Vous souhaitez abonner votre établissement, votre collectivité ou votre institution et régler par mandat administratif ou sur chorus ? Rendez-vous directement sur notre boutique pour télécharger votre bon de commande.
Pour toute question, écrivez à **abo@larevuedessinee.fr**

SIRET : 825 164 148 000 33 - Siège social : FANDS, 157 boulevard MacDonald 75019 Paris

Ces débats ne traversent pas que l'Église française. Le Vatican a lancé en 2021 un synode* sur l'avenir de l'Église.
Depuis, les fidèles de tous les pays sont invités à exprimer leurs attentes quant au fonctionnement de l'institution.
Cette vaste introspection devrait aboutir à l'automne 2023. Le chantier est risqué.
En Allemagne, une démarche de réforme a été lancée en 2019 sous la pression des fidèles, ulcérés par les scandales de violences sexuelles dans plusieurs diocèses.
Cette consultation a permis d'aborder des sujets sensibles comme l'ordination des femmes, la morale sexuelle ou l'exercice du pouvoir dans l'Église.
Mais le processus a généré de fortes tensions à Rome avec l'aile conservatrice de l'Église.
Aux yeux d'une partie des responsables catholiques...
... la sauvegarde de l'institution passe toujours avant la lutte contre les violences sexuelles.
* Assemblée qui a pour but d'étudier les problèmes au sein de la vie ecclésiastique.

FUITE DE KABOUL

UNE HISTOIRE AFGHANE

15 août 2021, les talibans reprennent Kaboul. Les États-Unis, qui ont négocié la fin de *« la plus longue guerre américaine »*, finalisent le retrait de leurs troupes présentes depuis deux décennies. Quant à l'Otan, outre ses soldats elle est censée évacuer interprètes, chauffeurs… Mais elle est prise de court. Les exactions commises les semaines précédentes, dont le meurtre d'Abdul Basir, cuisinier pour l'armée française, laissent craindre le pire à ceux qui ont travaillé avec les étrangers. Et aux autres. En quelques heures, des milliers d'Afghans terrifiés convergent vers la voie plus la sûre pour fuir : l'aéroport.

MARINE COURTADE **OTHMAN SELMI**

DEPUIS PLUSIEURS JOURS, MASOOD, MARIAM, FATEMEH ET LEUR MÈRE, LEILA, SONT PRÊTS.
ILS ONT FAIT LEURS VALISES, RANGÉ LEUR APPARTEMENT, BRÛLÉ LEURS ALBUMS PHOTO.
LES TALIBANS VIENNENT DE REPRENDRE LE POUVOIR EN AFGHANISTAN, APRÈS EN AVOIR ÉTÉ CHASSÉS VINGT ANS PLUS TÔT.
UNE PETITE SEMAINE AUPARAVANT, ILS SONT ENTRÉS DANS KABOUL, TANDIS QUE LES FORCES AMÉRICAINES CONFIRMAIENT LEUR RETRAIT DÉFINITIF DU PAYS.

POUR DE NOMBREUX AFGHANS, CE RENVERSEMENT EST UN CATACLYSME.
LA FAMILLE DE MASOOD EST PARTICULIÈREMENT INQUIÈTE CAR CE DERNIER A TRAVAILLÉ COMME INGÉNIEUR CIVIL POUR L'ARMÉE AMÉRICAINE.
U.S. ARMY
BIP... BIP...
FACE À LA TERREUR TALIBANE, L'EXIL EST LA SEULE ISSUE. MAIS DANS LE CHAOS GÉNÉRAL, LA CHOSE EST LOIN D'ÊTRE FACILE.
MASOOD A SOLLICITÉ L'AIDE DES AMÉRICAINS, QUI NE LUI ONT JAMAIS RÉPONDU.
PAR CHANCE, UNE DE SES SŒURS, FARIBA, VIT EN FRANCE. ANCIENNE MANAGEUSE À L'AÉROPORT DE KABOUL, ELLE AVAIT FUI APRÈS DES MENACES DE L'ÉTAT ISLAMIQUE. DEPUIS 2018, ELLE HABITE À TOULOUSE AVEC SON CONJOINT, JULIEN, ET LEUR PETIT GARÇON, YANIS.
GRÂCE À SA TÉNACITÉ, LE COUPLE A RÉUSSI À INSCRIRE SA FAMILLE SUR UNE LISTE DE RAPATRIEMENT DE L'AMBASSADE DE FRANCE.
ÇA Y EST, ON ARRIVE.

BANG
BANG
ILS TUENT DES GENS ICI ! RENTRONS CHEZ NOUS.
NON, MARIAM, NOUS DEVONS NOUS FAUFILER DANS LA FOULE.
VIENS, NE RESTONS PAS LÀ.
CETTE NUIT-LÀ, LA COHUE FERA DES MORTS PARMI LES CIVILS PRÉSENTS À L'AÉROPORT.

AU PETIT MATIN
QUELLE EST L'ENTRÉE NORD ET QUELLE EST L'ENTRÉE EST ?
MASOOD
POUR SE REPÉRER, LA FAMILLE VA RÉGULIÈREMENT ÉCHANGER AVEC FARIBA ET JULIEN PAR MESSAGES VOCAUX.
L'ENTRÉE NORD SE TROUVE VERS L'ENTRÉE MILITAIRE, MAIS JE NE SUIS JAMAIS ALLÉE LÀ-BAS...
TU COMPRENDRAS SI TU REGARDES LES PHOTOS QUE JE T'AI ENVOYÉES. C'EST CELLE QUE TOUT LE MONDE PREND.

TOULOUSE,
LE MÊME JOUR
FARIBA ET JULIEN NE DORMENT PLUS. JULIEN A POSÉ DES CONGÉS POUR POUVOIR FAIRE FACE À LA SITUATION.
ILS TENTENT D'AIDER COMME ILS PEUVENT LEUR FAMILLE À (GRANDE) DISTANCE.
IL Y A DES CHOSES QUI NE COLLENT PAS...
CE SONT DES PHOTOS SATELLITES DE 2018 !
PLEIN DE BÂTIMENTS N'EXISTAIENT PAS ENCORE.
JE SUIS ÉPUISÉ.

AU MÊME MOMENT, À L'AÉROPORT DE KABOUL

C'EST UNE JOURNÉE D'ERRANCE.
LEILA EST DIABÉTIQUE, ELLE A DU MAL À MARCHER.
ÉPUISÉS, ILS FINISSENT PAR DORMIR SUR UN PARKING.
DIMANCHE 22 AOÛT
KABU
MARIAM A DES MIGRAINES.
ELLE VEUT ABANDONNER.
CE MATIN-LÀ, LA FAMILLE RENCONTRE UN AUTRE GROUPE D'AFGHANS, QU'ELLE SURNOMME « L'ÉQUIPE ITALIENNE » PARCE QU'ELLE EST INSCRITE SUR LES LISTES DE RAPATRIEMENT DE ROME.
ENSEMBLE, ILS ONT UNE IDÉE.

EN FAISANT UNE CHAÎNE FACE AU MUR, ON CRÉERA UN COULOIR POUR LES FEMMES ET LES ENFANTS.
ON ÉVITERA LA COHUE EN LONGEANT L'ENCEINTE.
MAIS LE GROUPE AVANCE À PEINE : 10 MÈTRES EN CINQ HEURES.
LES GENS NOUS POUSSENT TROP !
SOUDAIN…
À 50 MÈTRES DU CHECK-POINT, LES VOILÀ RENVOYÉS EN ARRIÈRE PAR LE MOUVEMENT DE LA FOULE FUYANT LES COUPS.

LE LENDEMAIN, LUNDI 23 AOÛT
WELCOME KABUL AIRPORT
C'EST LEUR TROISIÈME JOUR À L'AÉROPORT.
TOUJOURS SANS TOILETTES, SANS NOURRITURE, SANS EAU.
SOYEZ TRANQUILLES, TOUT IRA BIEN. SI RIEN N'AVANCE D'ICI DEMAIN, ON RENTRERA À LA MAISON. ON NE PEUT PAS CONTINUER COMME ÇA.
ON COMPREND. ESSAYEZ DE TROUVER À MANGER, DE DORMIR AU CHAUD. LES INFORMATIONS QUE L'ON VOIT ICI NE SONT PAS BONNES, SI VOUS RENTREZ CHEZ VOUS, CE SERA DE PLUS EN PLUS DIFFICILE.
J'AI L'IMPRESSION QU'ILS VONT ABANDONNER.
S'ILS FONT ÇA, C'EST FINI...

POUR LA PREMIÈRE FOIS, CE JOUR-LÀ, UN RAVITAILLEMENT IMPROVISÉ S'ORGANISE.

À FORCE DE PATIENCE, LE GROUPE ARRIVE ENFIN À PROXIMITÉ DU PREMIER DES DEUX CHECK-POINTS TALIBANS À FRANCHIR POUR ENTRER DANS L'AÉROPORT.
TOUS EN LIGNE ! MONTREZ-NOUS VOS PASSEPORTS !
POURVU QU'ILS NE NOUS OBLIGENT PAS À REPARTIR...
VOUS ÊTES AFGHANS !
RENTREZ CHEZ VOUS !
C'EST UN TEL BAZAR... ILS NE PEUVENT PAS CONTRÔLER TOUT LE MONDE. IL FAUT QU'ON SE FAUFILE...

LA FAMILLE DÉCIDE D'UN NOUVEAU STRATAGÈME : ELLE EMPRUNTE UN CHEMIN ÉTROIT, EN ESPÉRANT ÉCHAPPER À L'ATTENTION DES TALIBANS.
LE PREMIER CHECK-POINT EST FRANCHI…
ET LA PORTE D'ENTRÉE DE L'AÉROPORT N'EST PLUS QU'À 20 MÈTRES.
MAIS IL RESTE UN DEUXIÈME CHECK-POINT.
DES GENS DE L'AMBASSADE DISENT QU'IL FAUT S'ÉLOIGNER DE L'AÉROPORT. MASOOD, FAIS ATTENTION AUX EXPLOSIONS. FAIS ATTENTION SI TU NE TE SENS PAS EN SÉCURITÉ.
PAS MAINTENANT, ON EST SI PRÈS…

POUR ÊTRE RECONNU PAR LES FORCES SPÉCIALES FRANCAISES, MASOOD DOIT LEUR ENVOYER UNE PHOTO DE LUI.
CLIC!
AVEC SON ÉCHARPE BLEUE.
QU'EST-CE QUE TU FAIS ?
IL Y A QUOI DANS TON TÉLÉPHONE ?
RIEN, RIEN DU TOUT. C'EST JUSTE UN TÉLÉPHONE.
JE VOULAIS SEULEMENT LE METTRE DANS MA POCHE.
C'EST MON FILS ! C'EST MON FILS ! IL N'A RIEN FAIT !
POURQUOI T'UTILISES TON TÉLÉPHONE ? ET TU FAIS QUOI, ICI ? TU VAS OÙ ?
POUR RIEN, JE SUIS JUSTE ICI COMME ÇA. JE NE VAIS NULLE PART.
UTILISE ENCORE TON TÉLÉPHONE ET T'ES MORT !

J'ESSAIE D'APPELER, ÇA NE RÉPOND PAS !
POURVU QU'IL NE SOIT RIEN ARRIVÉ...
JE N'OSE PAS ENVOYER UN MESSAGE ...
ET SI UN TALIBAN LE VOYAIT ?
J'ÉCRIS, TU CROIS ? JE RAPPELLE ?
QU'EST-CE QUE JE FAIS ?
JE NE SAIS PAS...

QU'EST-CE QUI S'EST PASSÉ ?
RIEN, RIEN, ILS ONT JUSTE EFFACÉ MES PHOTOS.
RENTREZ CHEZ VOUS, SI VOUS RESTEZ, ON VOUS TUE !

MINUIT, HALL INTERNATIONAL DE L'AÉROPORT DE KABOUL
ON EST À L'INTÉRIEUR ! ON VIENT JUSTE DE PASSER LA PORTE ET ON REJOINT LES AMÉRICAINS, JE CROIS.
FANTASTIQUE ! DEMANDE-LEUR S'ILS ONT UN MÉDECIN POUR MAMAN.
FARIBA
ÇA Y EST, ON PEUT SOUFFLER, MAINTENANT !

LE LENDEMAIN, MARDI 24 AOÛT
LEILA, MARIAM, FATEMEH, MASOOD.
FARIBA EST VOTRE SŒUR ? ELLE NOUS A BEAUCOUP APPELÉS, ELLE VA ÊTRE HEUREUSE !
QUELQUES HEURES PLUS TARD
QUARANTE-HUIT HEURES APRÈS LEUR DÉPART, LA PORTE PAR LAQUELLE ILS ONT RÉUSSI À PASSER EXPLOSERA. UN ATTENTAT-SUICIDE REVENDIQUÉ PAR L'ÉTAT ISLAMIQUE ET CAUSANT AU MOINS 182 MORTS – DONT 13 SOLDATS AMÉRICAINS – ET PLUS DE 200 BLESSÉS.

16
ARRIVÉE
AÉROPORTS DE PA
ON EST TRÈS HEUREUX DE VOUS ACCUEILLIR ! ÇA VA LIBÉRER UNE LIGNE À LA CELLULE DE CRISE…
ON EST CONTENTS DE TE RENCONTRER, TOI.

VINGT JOURS PLUS TARD, CHEZ LES PARENTS DE JULIEN, EN BOURGOGNE
QUAND IL
PREND DAN
CES BRA
IL
ME DIT DE
D'AMOUR
ES MOTS
DE TOUS
JOURS

Á LA PRÉFECTURE, ILS M'ONT DEMANDÉ SI JE CROYAIS À LA CHARIA, ET CE QUE JE PENSAIS DE LA FRANCE...
J'AI RÉPONDU : « C'EST UNE SUPER CULTURE, IL Y A DU TRÈS BON VIN ! »
ILS VOULAIENT AUSSI SAVOIR CE QU'IL PENSERAIT SI NOUS, SES SŒURS, ALLIONS À LA PISCINE.
CLAP
CLAP
CLA
DEMAIN, ON RENTRE À TOULOUSE. ET VOUS, LES FILLES, ON VOUS LAISSE ICI ?
NON, ON VIENT AVEC VOUS ! JE VEUX REPRENDRE MES ÉTUDES, J'AI UNE VIE À CONSTRUIRE, MOI !
ENTRE LE 17 ET 28 AOÛT 2021, SUR DES CENTAINES DE MILLIERS DE PRÉTENDANTS AU DÉPART, LA FRANCE AURA ÉVACUÉ 2 834 PERSONNES, DONT 2 630 AFGHANS.

PRÉCIPITÉ D'EXIL

Durant le mois d'août 2021, plus de 120 000 personnes ont quitté Kaboul par un pont aérien considéré par l'Otan comme *« la plus grande opération de ce type de l'histoire contemporaine »*. Une intervention qui comporte pourtant des ratés.

© EPA / AKHTER GULFAM

Aux abords de l'aéroport Hamid Karzai, le désespoir, le manque d'organisation et les tirs intermittents provoquent des bousculades, pour certaines mortelles.

En quelques heures, le 15 août 2021, Kaboul tombe aux mains des talibans. Vingt ans après la chute de leur régime, les fondamentalistes reprennent le contrôle de la capitale. L'armée régulière afghane n'a guère opposé de résistance. Les troupes de l'Otan – présentes depuis plus de dix-huit ans dans le pays – préparent alors leur retrait : l'accord de Doha, signé un an et demi plus tôt entre Donald Trump et les talibans, a fixé leur départ à la fin du mois. Face à cette chute brutale de la République islamique, la population panique. Il faut fuir. Des dizaines de milliers d'habitants convergent vers l'aéroport Hamid Karzai, seule voie de sortie qui ne soit pas contrôlée par les obscurantistes. S'ils sont encore en charge de l'aéroport, les soldats alliés ne sont pas prêts à une évacuation d'ampleur. Dans la chaleur étouffante de l'été afghan, la marée humaine d'hommes, de femmes et d'enfants s'étend sur des kilomètres. Ils ont peur, soif, faim. Ils attendent dans le canal qui charrie les eaux usées de la capitale, s'entassent dans les excréments, les cris et la mort. Les orphelins de ceux qui ne se relèveront plus sont portés à bout de bras vers des soldats alliés débordés.

© U.S. AIR FORCE / UPI

Prévu pour le transport de 134 passagers, ce cargo militaire américain a quitté Kaboul pour le Qatar avec 823 personnes à son bord.

Des vies sauvées au compte-goutte

Au fil des heures, des civils parviennent aux pistes. Prêts à tout, ils courent à côté des Boeing C-17 en pleine accélération. Des images largement relayées montrent des Afghans assis sur les ailes d'un appareil sur le point de décoller puis leurs corps qui s'écrasent au sol quelques secondes plus tard sous les yeux d'autres candidats à l'exil. Au milieu du chaos se met tout de même en place *«l'un des plus grands ponts aériens de l'histoire»,* selon Joe Biden. L'Alliance atlantique estime à *«plus de 120 000»* le nombre de personnes évacuées en deux semaines par les forces de l'Otan – États-Unis et Royaume-Uni en tête, qui prendront en charge respectivement 80 000 et 15 000 personnes lors des opérations Allies Refuge et Pitting. Mais le 26 août, l'horreur franchit encore un cran : une explosion revendiquée par l'État islamique coûte la vie à au moins 170 civils afghans et 13 militaires de l'Otan. Celle-ci engendre la fermeture presque immédiate du pont aérien pour de nombreux pays, dont la France. Les superlatifs de la présidence américaine louant un *«énorme succès»* ne peuvent occulter les conditions dantesques de cette évacuation. Et que dire du sort des interprètes au service des forces armées et de ces journalistes *«particulièrement menacés en raison de leurs engagements»,* selon les mots du ministère des Armées français ? Entre défaut d'obtention d'autorisations et problèmes d'accès à l'aéroport, beaucoup n'ont jamais pu embarquer. Pour l'association américaine d'anciens combattants AWA, *«sur les 81 000 demandeurs de visa [américain] enregistrés au moment de la chute de Kaboul, plus de 78 000 ont été laissés sur place».* Dans les mois qui ont suivi, des vols organisés par le Qatar pour la France ont extrait du pays... 110 Français et 396 Afghans.

De nombreux interprètes et journalistes n'ont pas pu embarquer

PAR CAMILLE DROUET CHADES

À VOIR

Fuir Kaboul, **de Jamie Roberts. Un documentaire riche qui retrace ces trois semaines de chaos à l'été 2021, à Kaboul.** Arte, 74 min (2022).

À LIRE

L'Ombre des taliban, **d'Ahmed Rashid. Enquête d'un journaliste pakistanais qui retrace l'histoire du mouvement taliban depuis les années 1990.** Éd. Autrement (2022).

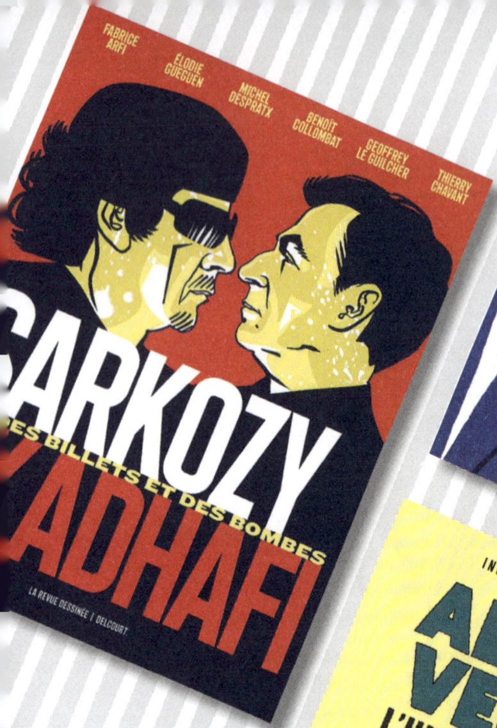

NOURRIR le débat
Depuis quatre ans, **La Revue Dessinée** édite ou coédite, sous la forme d'éditions spéciales et de livres, des enquêtes au long cours en bande dessinée sur des sujets d'utilité publique.

À LIRE d'urgence
Scandales d'État, enjeux environnementaux majeurs, coulisses des multinationales et de la politique, poids des lobbys... Des enquêtes édifiantes et éclairantes, à mettre entre toutes les mains.

MEDIAPART
ÉDITION SPÉCIALE
LA REVUE DES
« ne parlez pas de violences policières »
emmanuel macron

CLAIRE ALET
BENJAMIN ADAM
CAPITAL & IDÉOLOGIE
D'APRÈS LE LIVRE DE THOMAS PIKETTY
DÉJÀ 100 000 EXEMPLAIRES VENDUS
SEUIL LA REVUE DESSINÉE

DISCLOSE
ÉDITION SPÉCIALE
LA REVUE DESSINÉE
on leur vend des armes
... et le pire c'est qu'ils s'en servent

CÉCILE GUILLARD
● COUVERTURE
Elle concilie ses passions pour le dessin et les grands espaces. Elle a publié *Une vie de moche* chez Marabulles (2019) et *Cent mille ans* chez La Revue Dessinée / Le Seuil (2020).
cecileguillard_bd

AURORE PETIT
● AU PIED DE LA LETTRE - P. 6
Diplômée des Arts déco de Strasbourg, elle a publié une vingtaine de livres illustrés, chez Les Fourmis rouges et Actes Sud Junior.
aurore.petit.dessine

ALEXIA EYCHENNE
▼ INSPECTION DU TRAVAIL - P. 8
Journaliste, elle s'intéresse aux questions sociales et économiques, avec une prédilection pour le monde du travail. Elle écrit pour Les Jours, *Causette*, *XXI* ou encore *Le Monde diplomatique*.

ALEXANDRA PETIT
▼ INSPECTION DU TRAVAIL - P. 8
Illustratrice et animatrice 2D, elle s'intéresse au mouvement, à la mode, et aime regarder les gens passer.
alexpetit

ARNAUD LE GOUËFFLEC
◆ MUSIQUE - P. 38
Il écrit romans, chansons et scénarios de bande dessinée, comme celui de *Monsieur Léon*, avec Julien Solé, paru chez Fluide Glacial en 2022.
arnaudlegouefflec.com

NICOLAS MOOG
◆ MUSIQUE - P. 38
Auteur de bande dessinée, il a notamment publié *Underground*, avec Arnaud Le Gouëfflec, aux éditions Glénat (2021).
nicolasmoog.tumblr.com

FÉRIEL NAOURA
◆ PHOTO - P. 46
Photographe, elle endosse aussi le costume d'iconographe, d'éditrice et de rédactrice. Elle collabore à la revue de photojournalisme *6Mois*.

ÉLISA GÉHIN
◆ PHOTO - P. 46
Passée par l'école Estienne et les Arts déco de Strasbourg, elle travaille pour l'édition et la presse jeunesse.
elisagehin.fr

FERIEL ALOUTI
▼ FOS-SUR-MER - P. 48
Journaliste et autrice depuis dix ans, elle a travaillé à Beyrouth, à Paris et à Marseille pour *Le Monde*, Mediapart ou *L'Obs*. Elle écrit aussi des documentaires. Dans ses récits, elle retrace des parcours cabossés, souvent exemplaires.
FerielAlouti

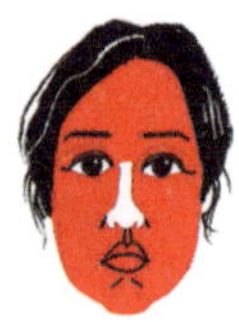

SILKI
▼ FOS-SUR-MER - P. 48
Dessinatrice coréenne, elle écrit sur les discrimintations. Sa série *Kimchi baguette* est publiée sur Mâtin, quel journal ! sur Instagram.
silkidoodle

ALIX GARIN
◆ SPORT - P. 76
Elle est née en 1997 en Belgique. Son premier album, *Ne m'oublie pas* (Le Lombard, 2021), a reçu plusieurs prix, dont les prix France Culture des étudiants, Fnac Belgique et Victor-Rossel. Elle vit à Bruxelles.
alix_garin

JEAN-CHRISTOPHE MAZURIE
◆ DROIT - P. 82
Il commence à écrire des histoires et des bandes dessinées tardivement. Son dernier livre : *Ni vu ni lu*, chez Delcourt (2019).
jeanchristophemazurie

Cécile Cazenave
▼ Climat - P. 88
Journaliste environnement, ancienne de *Terra eco* qui poursuit le boulot chez d'autres valeureux indépendants. Membre du Terrier, un collectif de créatifs bellevillois.
cecilecaz

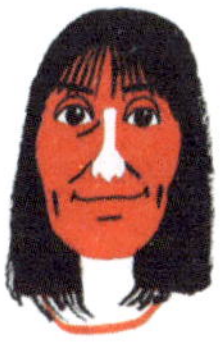

Valentine de Lussy
▼ Climat - P. 88
Dessinatrice, elle prête ses crayons pour la bande dessinée documentaire. Un trait de crayon pour le numéro #36 de *La Revue Dessinée*, un autre pour *Le Monde merveilleux d'Amazon* (La Revue Dessinée/Mediapart).
valentinedelussy

James
◆ Langage - P. 114
Âge : trop. Poids : secret. Yeux : presbytie. Cheveux : de plus en plus épars. Arrivé sur le tard à la bande dessinée, il publie beaucoup depuis pour compenser.

Jeremy Perrodeau
◆ Cinéma - P. 120
Il partage son activité entre illustration de commande pour la presse et l'édition, et travail d'auteur de bande dessinée. Ses ouvrages sont publiés aux Éditions 2024.
jeremyperrodeau

Sarah Bosquet
▼ Pollution des sols - P. 126
Journaliste indépendante, elle a fait ses armes à *Libération*, à l'Observatoire international des prisons et au Club de Mediapart. En dehors des pollutions industrielles, elle s'intéresse à l'univers carcéral, à la santé et aux mobilisations féministes et sociales.

Line Hachem
▼ Pollution des sols - P. 126
Formée aux Arts déco de Paris et à l'école Estienne, elle use son crayon en transmettant sa passion pour les sujets obscurs et saugrenus.

Cécily de Villepoix
◆ Découvertes - P. 156
S'intéresse aux sciences, occultes ou pas. Elle a été scénographe, plasticienne et patronne de bar avant d'arriver à la bande dessinée.
cecily_de_villepoix

Mathieu Périsse
◆ Droit de suite - P. 166
Journaliste indépendant vivant à Lyon, il est membre de We Report, un collectif spécialisé dans l'enquête et les reportages longs formats.
mathieuperisse

Manon Mugnier
◆ Droit de suite - P. 166
Diplômée de l'école Émile-Cohl, à Lyon, elle jongle entre illustration et bande dessinée, entre technique traditionnelle et numérique.
moinionsaucebbq

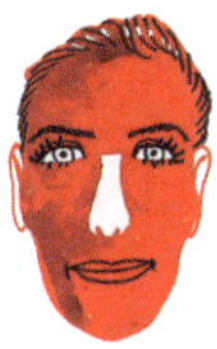

Marine Courtade
▼ Fuite de Kaboul - P. 180
Journaliste indépendante, elle est souvent dans l'avion ou dans le train. Son dernier reportage diffusé sur LCP et France 24 est *Crimes sexuels en Ukraine : comment documenter l'horreur*.

Othman Selmi
▼ Fuite de Kaboul - P. 180
Il vit et travaille à Tunis. Il a œuvré dans l'animation et la publicité. Depuis le Printemps arabe, il renoue avec le dessin en espérant que ça ne lui vaudra pas un passage derrière les barreaux. Il travaille pour la presse et l'édition.
kidsmokk

Thibaut Soulcié
● L'Uppercut - P. 210
Ballotté entre la bande dessinée et le dessin de presse, il collabore entre autres à *La Revue Dessinée*, *L'Équipe*, *Marianne*, Télérama.fr, *Fluide glacial* et 28 minutes.
thesoulce

Dessins : Hervé Bourhis et Manon Mugnier

numéro 40

JUIN • JUILLET • AOÛT 2023

Date de parution
7 juin 2023

Directeur de la publication
Sylvain Ricard

Rédactrice en chef
Amélie Mougey

Rédacteur en chef adjoint
Baptiste Bouthier

Directrice artistique
Cat Gabillon

Conception graphique
Elhadi Yazi

Conseil artistique
Thomas Cadène

Maquette graphique
Valentine Dossat, Aude Choimet

Édition
Fériel Naoura

Rédaction
Camille Drouet Chades, Léone Laali, Fanny Gelb (stagiaire)

Correction
Anne-Sophie Arnould et **Isabelle Bryskier**

Communication
Pierre-Lou Quillard, Eva Deligios, Anna Erre (stagiaire)

Marketing
Anaïs Benguigui

Secrétaire général
Jean-Philippe Salmon

Responsable administrative
Murielle Canta

Ont collaboré à ce numéro:
Jean-Paul Krassinsky, Malijo, Thibaut Soulcié (En savoir +) ; Hervé Bourhis, Manon Mugnier (Auteurs • Autrices) ; Virgile Raffaëlli (maquette) ; Sybille Eid (stagiaire)

Abonnements :
abo@larevuedessinee.fr

La Revue Dessinée est éditée par LRD SAS, SAS au capital de 4668 €

Rédaction:
157, boulevard Macdonald, 75019 Paris
contact@larevuedessinee.fr

Fondateurs actionnaires:
Sylvain Ricard (président), Franck Bourgeron et David Servenay

Actionnaires: F&S, Jean-Hubert Gallouet, Patrick Goux, Nicolas Gouju, Arnaud Bertin et Emmanuel Hurault

Impression et façonnage:
Aubin imprimeur, Chemin des Deux Croix, CS 70005, 86 240 Ligué
Fabrication: CPE conseil
Photogravure: Apex Graphic
Diffusion: Delsol
Distribution: Hachette
Commission paritaire: 0924 D 91934
Hachette: 1142080 **ISSN:** 2269-2606
ISBN: 978-2-38264-016-6
Dépôt légal: juin 2023

PEFC 10-31-1601 Certifié PEFC pefc-france.org

Origine du papier : Finlande et Italie
Taux de fibre recyclé : 0 %
Certification : 100 % PEFC
Impact sur l'eau : 0.003 kg/tonne et 0.022 kg/tonne

LA REVUE DESSINÉE CONTIENT UN ENCART ABONNEMENT.

L'UPPERCUT DE THIBAUT SOULCIÉ

Chaque semaine, retrouvez les dessins de la rédaction sur nos réseaux sociaux.